한국과 일본의
새로운 시작

NIKKAN ARATANA HAJIMARI NO TAME NO 20-SHO
edited by Hiroshi Tanaka and Ryuta Itagaki
© 2007 by Hiroshi Tanaka and Ryuta Itagaki
Originally published in Japanese by Iwanami Shoten, Publishers, Tokyo, 2007.
This Korean language edition published in 2007
by The Editor Publishing Co., Seoul
by arrangement with the proprietor c/o Iwanami Shoten, Publishers, Tokyo

이 책의 한국어판 저작권은 북코스모스 에이전시를 통한 저작권자와의 독점 계약으로 에디터에 있습니다.
저작권법에 의해 한국 내에서 보호를 받는 저작물이므로 무단전재와 복제를 금합니다.

한국과 일본의
새로운 시작

다나카 히로시·이타가키 류타 엮음
한국학중앙연구원 한국문화교류센터 옮김

뷰스
views

| 머 리 말 |

　　2005년 7월 출판된 《만화 혐한류》(山野車輪 저, 晋遊舍 간)를 계기로 '혐한류' 현상이 나타났다. 출판사에 따르면 이 책은 발매 반 년 만에 45만 권이 팔렸고, 2006년 2월 발간된 《만화 혐한류2》도 한 달 만에 약 20만 권이 팔렸다고 한다.

　　《만화 혐한류》를 시작으로 여러 출판사에서 유사품을 내놓았다. '혐한류 관련 주요 문헌 리스트'(26쪽)에 기술한 바와 같이 편자가 본 것만 10권 이상 된다. 문헌뿐 아니다. 《만화 혐한류》류의 서적에서 볼 수 있는 인식과 지식은 인터넷 게시판이나 블로그 등에서도 유통돼 인터넷을 검색하면 바로 찾을 수 있다. 무수한 대중매체에도 '혐한류'가 퍼져 있는데, 《만화 혐한류》는 그 빙산의 일각이라고 할 수 있다.

　　주의해야 할 것은 '혐한류'가 반드시 '한류' 붐이 싫다는 의미만은 아니라는 것이다. '혐'의 대상은 '한국'에 국한하지 않는다. 재일 한국인은 '혐한류'의 주요 공격 대상이다. 넓은 의미에서의 '조선(인)' '한국(인)'이 '혐'의 대상인 것이다. 역사만 '혐한류'의 대상이 아니라 현대 한국이나 일본에 관한 내용도 상당한 비율을 차지한다. 언제 어디에 살든, 또 누구든 '한'은 총체적으로 "왠지 싫다"는 것이 '혐한류'의 대략적 요체다.

이 책은 최근 들어 봇물 터지듯 나온 '혐한류' 현상을 염두에 두고 기획, 편집했다. 그렇다고 해서 《만화 혐한류》 같은 작품의 논리에 일일이 반론하는 형식은 취하지 않았다. 이미 《〈만화 혐한류〉의 여기가 엉터리》(太田修·박일 외 저, コモンズ, 2006) 같은 비판서도 나와 있고, 식민지 지배 문제에 대해서는 《일본의 식민지 지배-긍정·찬미론을 검증한다》(水野直樹 외 편저, 岩波書店, 2001)라는 소책자도 있어 중복을 피하고 싶었기 때문이다.

반론·비판만으로는 너무 소극적이고 수세적일 수 있다는 것이 반론 형식을 취하지 않은 또 다른 이유다. '혐한류'의 씨름판에 올라가 무수히 양산되는 텍스트에 일일이 대응하려 하면 소모적 논쟁만 계속될 뿐이다. 물론 '혐한류'적 정보가 압도적 규모로 유통되는 현재의 상황에서 사실의 잘못이나 과장을 정정하는 것은 필요하며, 이 책에서도 그것이 커다란 비중을 차지한다. 다만 여기서 그치는 것이 아니라 '혐한류'를 극복하고 열린 관계를 구축하기 위한 실마리가 될 사고의 양식까지 제공하고자 하는 것이 이 책의 의도다.

20개로 나뉜 각 장은 어디서부터 읽어도 상관없다. 제1부에서는 우선 현대 일본의 '혐한류' 현상을 해부한다. 각 장에 대한 총론은 아니고, 일종의 현상 분석이다. 제2부에서는 일본의 조선 식민 지배와 관련한 여러 문제, 제3부에서는 재일 한국인의 역사와 현대 재일 외국인을 둘러싼 문제, 제4부에서는 한일관계에 대해 논했다. 어느 것이나 최근 자주 거론되는 주제를 중심으로 최근의 연구 동향을 참고해 알기 쉽게 논했다.

각 장은 모두 일본과 조선의 뒤엉킨 관계를 생각하는 데 빼놓을 수 없는 주제를 다룬 데다 내용이 다양해 제목을 무엇으로 할까 고민했다. 최종적으로는 편집부의 제안도 있고 해서 '한일'이라는 표현으로 결정했는데(원서의 제목은 《日韓新たな始まりのための20章》이다), 여기에서의 '한'은 대한민국이 아니라 더욱 넓은 의미로 사용했다는 것을 말해 두고 싶다. 또 '한국' '조선' '코리안'이라는 표현과 각종 용어의 표기는 각 집필자의 의향을 존중했다는 것을 부기해 둔다.

한국 속담에 '시작이 반'이라는 말이 있다. 출발선에 섰다면 이미 반은 이룬 것이나 마찬가지라는 의미다. 우리는 '새로운 시작'을 어떻게 만들어 갈 것인가? 이 책이 새로운 관계를 위한 도구로 활용되기를 바라마지 않는다.

다나카 히로시, 이타가키 류타

차례 CONTENTS

머리말   05

제I부 '혐한류' 현상을 해부한다

1장 '혐한류'의 해부 도구
| 이타가키 류타 | 13

2장 만화 표현으로 본 '혐한류' – 캐릭터 조작을 통한 인종주의
| 나카니시 신타로 | 29

제II부 일본의 조선 식민 지배를 둘러싸고

3장 한국 병합은 조선인이 바란 것인가?
| 오가와라 히로유키 | 41

4장 식민 지배는 조선을 잘살게 했나?
| 마쓰모토 다케노리 | 49

5장 일본인과 조선인은 평등했나?
| 이타가키 류타 | 59

6장 일본인은 한글을 보급했나?
| 미쓰이 다카시 | 67

7장 창씨개명이란 무엇인가?
| 미즈노 나오키 | 75

8장 조선인 강제연행은 없었나?
| 도노무라 마사루 | 83

9장 '위안부' 제도는 범죄가 아니었나?
| 가와 가오루 | 93

제III부   재일 한국인과 일본사회

10장 조선인은 전쟁 전 어떻게 일본에 건너왔고 또 어떻게 생활했나?
| 박정명 | 103

11장 '해방된' 재일 조선인은 전후를 어떻게 맞이했나?
| 고바야시 도모코 | 113

12장 참정권은 '국민 고유의 권리' 인가?
| 다나카 히로시 | 123

13장 다민족 공생사회 속에서 민족학교를 어떻게 생각하면 좋은가?
| 다나카 히로시 | 129

14장 재일 코리안에 대한 차별은 없어졌나?
| 모로오카 야스코 | 139

제IV부   전후 한일관계에 대하여

15장 전후 한일관계를 어떻게 바라보면 좋은가?
| 요시자와 후미토시 | 151

16장 한일조약으로 식민지 지배는 청산됐나?
| 오타 오사무 | 159

17장 독도 문제는 어떻게 생각하면 좋은가?
| 나카오 히로시 | 167

18장 한국의 '과거 청산'은 어떻게 되고 있나?
| 후지나가 다케시 | 175

19장 한국은 '반일' 일색인가?
| 현무암 | 183

20장 과거와 마주하는 것은 '자학사관' 인가?
| 이와사키 미노루 | 191

집필자 소개   199
옮긴이의 말   200

제1부

'혐한류' 현상을 해부한다

1. '혐한류'의 해부 도구 _이타가키 류타
2. 만화 표현으로 본 '혐한류' _나카니시 신타로

I. '혐한류'의 해부 도구

이 타 가 키 류 타 (板垣竜太)

'혐한류'란 무엇인가? 그 특징은 무엇이며, 어떤 배경에서 나온 것인가? 그리고 지금의 상황을 어떻게 생각해야 할 것인가? 이 장에서는 몇 가지 실마리가 되는 키워드, 다른 표현을 빌리자면 '혐한류'를 해부하기 위한 도구를 제시하면서 그러한 물음에 접근하고자 한다.[1]

본질주의 · 인종주의 · 국민주의

'혐한류'의 대상인 '한'은 실로 다양하다. 《만화 혐한류》에서도 '한국' '한국인' '조선인' '조선' '재일' '그들'이라는 표현을 적당히 섞어 사용하는데, 여기에는 하나의 특징이 있다.[2] 과거든 현재든, 국가든 국민이든 민족이든, 국내 마이너리티이든 개인이든, 또 국적이 무엇이든 자유롭게 하나의 맥락 속에 넣어 '원래 이 집단은 이러이러한 존재'라고 규정하고 그것이 '한'을 구성한다.

이러한 발상을 본질주의(essentialism)라고 하며, 사물을 본질주의에 따라 그려내는 것을 본질화라고 한다. 시대와 공간을 초월해 극히 서로 다른 다양한 사람에게 공통되는 집단적 특징이 있다는 것은 실제로는 허구일 수밖에 없는데, 그것을 연결하려는 사고가 바로 본질주의다.

만화는 그러한 본질화 작용을 증폭시킨다. 《만화 혐한류》에 등장하는 조선인은 모두 쭉 찢어져 올라간 눈으로 묘사되고, 툭하면 화를 내거나 소리를 지른다.(그림1) 확실하게 불결함을 강조한 그림도 있다. 이에 비해 일본인 주인공은 청초하게 그렸다. 즉, 등장인물이 인종화(racialize)된 것이다. 저자 스스로 "고정관념화해 그리려고 했다" "기본적으로는 권선징악을 지향한다"고 말하는 것으로 보아(문헌⑦) 그것이 의도적이라는 것을 알 수 있다.

물론 낱낱의 캐릭터를 구분해 그리는 것이나 본질화 자체가 문제라는 말은 아니다. 그것이 어떠한 관계성을 전제로 하고, 어떠한 효과를 초래할 것인가 하는 점이 중요하다.

본질주의는 이민족·이문화 등에 적용하면 인종주의[3]의 기본 요소가 되고(그들은 원래 ~이다), 자신이 속한 '국민'에게 적용하면 국민주의의

그림1
《만화 혐한류》 61쪽

기초가 된다(우리는 원래 ~이다). '혐한류'의 언설에 여실히 나타난 특징은 한마디로 인종주의를 바탕으로 한 국민주의다.

국민주의는 모든 국민이 균질한 공동체 형성을 이상으로 한다는 점에서 일견 인종주의와 대치되는 것처럼 생각된다. 그러나 실제로는 같지 않은 것을 같은 것처럼 간주해 움직이는 것이 현실이다. 그러한 질서를 유지하기 위해서는 다수가 주도하는 '국민' 으로 통합할 권력이 개입할 필요가 있다. 《만화 혐한류》제7화(그림2)에서 일본을 '한 채의 집' 으로, 일본인을 '가족' 으로, 재일 조선인을 '식객' 으로 비유해, 재일 조선인은 '타인의 가족을 제멋대로 휘저어서는 안 된다' 고 하는 것이 단적인 예다. 그렇다고 해서 재일 조선인이 일본 국적을 취득해 '일본 국민' 이 되면 그것으로 '가족' 의 정식 일원이 되느냐 하면 그런 것도 아니다.[4] 요컨대 '일본' 이라는 집을 관리하는 주인은 인종화한 다수로서의 '일본인' 이며, 그것을 확실하게 하자는 것이다.[5]

또 '일본인은 A다' 라는 국민주의적 아이덴티티의 언설은 'A가 아닌 것은 일본인이 아니다' 라는 배제의 언설을 뒤집어 놓은 것이다. 예를 들면 '일본은 아름답다' 는 언설은 '아름답지 않은 것은 일본이 아니다' 와

그림2
《만화 혐한류》193쪽

같은 뜻이며, 따라서 '아름답지 않다'고 간주되는 것을 '일본'으로부터 배제함으로써 성립한다. '혐한류'에서 '한국은 ~이다' '조선인은 ~이다'라고 총체적으로 비난할 때 그것은 동시에 그것과는 다른 존재로서의 '일본' '일본인'을 상상하는 것이다. 그런 의미에서도 인종주의는 국민주의의 기초가 되는 것이다.

이렇게 생각해 보면 이러한 인종주의·국민주의는 일부 '혐한류' 언설에서만 보이는 특수한 문제는 아니다. 2005년 7월 일본을 공식 방문한 두두 디엔(Doudou Diene)이 2006년 1월 유엔 인권위원회에 제출한 보고서에서는 《만화 혐한류》를 "문화적·역사적 성질을 띤 차별"의 예로 드는데,[6] 이는 단순히 그 작품만의 문제로 지적한 것이 아니다. 오히려 현대 일본사회가 안고 있는 문제가 '혐한류'의 언설을 통해 명확한 형태로 드러난 것이라고 할 수 있다.

식민주의와 9·11 이후의 세계

'혐한류'의 언설은 일본에 의한 조선 식민 지배의 정당화를 필수 요소로 한다. 그것은 대부분의 경우 사실관계의 오류 또는 과장에서 나온 것이다. 구체적인 내용은 이 책의 각 장을 참조하기 바란다.

이러한 오류는 단순히 부주의나 무지에서 오는 것일까? 2001년 남아프리카 더반(Durban)에서 열린 인종주의에 관한 세계회의에서 채택한 선언에 식민주의가 인종주의를 초래했다는 것, 식민주의의 존속이 오늘날 사회·경제적 불평등 요인이라는 것을 명기했듯,[7] 인종주의는 식민주의의 연속선상에서 작동한다. 실제로 '혐한류'란 외국인 일반을 싫어하는 외국인 혐오(xenophobia)라기보다 일본이 과거에 식민 지배한 '조선인'에 대한 혐오다[8](그런 의미에서 '반미'와는 위상이 전혀 다르다. 또 '혐한류'는 외국인 일반에 대한 관용적 태도와도 공존한다). 즉, 식민주의 역사의 정당화는 오늘날의 인종주의와 밀접한 관계에 있다고 할 수 있다. 인종화한 '일본인'에게는 현재 필요한 '국민의 역사'를 완성하는 것이 우선시되기 때문에 기술된 내용이 사실인지 어떤지는 이차적 문제다.

'혐한류'는 또 9·11 이후의 세계적 동향과도 깊이 관련돼 있다. 오늘날의 '테러'를 둘러싼 언설은 예를 들면 안중근에 대한 평가에서 나타난다.

《만화 혐한류》는 안중근을 "한국병합에 신중한 자세를 보이면서 병합 찬성파를 억제하던 이토 히로부미(伊藤博文)를 살해한 테러리스트"(211쪽)라고 규정한다.[9] 이러한 평가는 폭력을 수반한 독립운동 전반에 대한 평가로 이어져 "한국 측의 요청으로 병합했는데, 그 은혜를 잊어버리고 테러와 폭동을 일으키다니…. 너무 제멋대로 아닙니까?!"(《만화 혐한류》 220쪽)라고 말한다.

안중근 등이 한 행위는 사실이지만, 중요한 것은 일단 '테러'라고 규정해 버리면 테러는 생각할 가치도 없고 배제해도 무방한 것으로 간주하는 오늘날의 세계적 추세에 비춰볼 때 자칫 식민주의의 정당화로 이어질 수 있다는 점이다. '영웅'과 '적' 사이, '폭력'과 '비폭력' 사이에 있는, 오늘날 더욱 진지하게 고민해야 할 문제가 모두 무시돼 버리는 것이다.

'혐한류'는 식민주의와 그에 대한 기억의 문제가 단순한 과거의 문제가 아니라 극히 현대적 문제라는 것을 역설적 형태로 나타내 준다.

불안으로부터의 '해방'

'혐한류' 현상이 퍼진 배경에는 확실히 현대 일본사회가 안고 있는 불안감이 있다. 불투명한 전망, 폐쇄감, 고용 불안정, 격차의 확대 등…. 이러한 불안을 해소하기 위해서는 원인을 규명해 사회 변혁으로 이어나갈 필요가 있지만, 그것은 결코 용이한 일이 아니다. 이 경우 가장 택하기 쉬운 방법의 하나가 '적'을 찾아내 거기에 불안의 원인을 투영하고, 그것을 배제하거나 비난하며 생각할 가치도 없는 것으로 간주함으로써 해소감을 획득하는 것이다. 이러한 방법은 일시적 '해방'감을 갖게 해준다.

'혐한류'는 이러한 흐름의 하나로도 볼 수 있다. 실제로 《만화 혐한류》 독자의 소리'(문헌⑦)에 접수된 61명의 의견을 보면[10], "가슴에 응어리져 있던 것을 확실하게 풀 수 있어 매우 안도함과 동시에 이제부터라도 일본인으로서의 자존심을 손상하지 않도록 마음을 다잡아야겠다는 생각을 강하게 했습니다"라는 등 뭔가 모호했던 것을 만화라는 형태로 잘 표현해 주어 확실히 알게 됐다, 정신분석적 표현을 빌리자면 억압돼 있던 것이 해방됐다는 감상이 눈에 띈다. 왠지 모르게 주눅이 들어 하고 싶은 말이 있어도 하지 못하는 느낌이 든다거나, 이유가 확실하지 않은 죄책감 같은 것이 있다거나, 왠지 모르게 주체적으로 행동하지 못하는 느낌이 드는 모호한 느낌에 '혐한류'의 국민주의·인종주의는 마약처럼 작용한다.

따라서 불안감을 해소할 수 있는 대상은 다른 것도 얼마든지 가능하다. 최근 뚜렷한 예로 말하자면 '젠더 프리'(Gender Free: 종래의 고정적 성역할에서 자유로울 것을 지향하는 사상 및 그러한 사상에 기초한 운동—역자

주)에 대한 비난도 그 전형이다.[11] 학교교육 붕괴, '니트'(NEET: 'Not in Education, Employment or Training'에서 유래한 말로, 2004년 일본의 경제학자 겐다 유지(玄田有史)가 저서에서 그 머리글자만 따 NEET라고 한 것이 일반에 알려진 이후 일본에서는 흔히 '~할 의욕이 없는(사람)'의 뜻으로 쓴다-역자 주)의 증가, '문제아'의 증가 등 사회 문제의 원인을 젠더 프리에서 찾아 과잉 연출과 공격을 거듭한다. 비난의 대상은 주류의 시점에서 공격하기 쉬운 상대이며, 또 최근 들어 눈에 띈 존재라는 점에서 공통된다. 젠더 프리와 같은 흐름에 반발해 그것을 막고 자신의 주체성을 확보한다는 의미에서 이러한 움직임은 '백래시(backlash: 반동·반발)'라고도 불린다. 이렇게 생각해 보면 '머리말'에서 언급한 바와 같이 '혐한류'의 내용은 반드시 혐·한류는 아니지만, 소위 한류와 같은 동향에 대한 백래시의 하나라고는 할 수 있을 것이다.

불안과 사회문제의 원인을 계속 '적'에 투영하기 위해 필요한 상상력이 음모론이다. 《만화 혐한류2》 제6화에서 인권옹호법안이 통과되면 재일 조선인을 비롯한 마이너리티에게 일본이 지배당한다고 주장하는(그림3) 것이 그 전형으로, 주류의 강박관념을 우스꽝스러울 정도로 보여준

그림3
《만화 혐한류》 148쪽

다. 그러나 일찍이 유대인 박해와 학살에 음모론이 얼마나 기여했는지, 또 관동대지진에서 조선인 학살에 음모론적 유언비어가 얼마나 기능했는지를 생각하면 음모론은 단순히 웃고 넘어갈 문제가 아니다.

당연한 일이지만 불안감은 백래시나 음모론 같은 약물로 해소되지 않는다. 그러한 일시적 해방감은 오히려 다른 사람에게 상처를 주어 더욱 살기 힘든 관계를 만들어 내는 부작용을 초래한다.

토론을 위한 지식

'혐한류' 관련 서적들에서 공통된 것은 '토론'이라는 형식이다. 한국인 혹은 재일 조선인이든 '좌익' 혹은 '프로 시민' 등으로 불리는 일본인이든, 이러한 사람을 상대로 토론할 때는 어떤 지식과 논리로 '논파'해야 하는가 하는 데 많은 분량을 할애한다는 것이다. 실제로 《만화 혐한류》는 "에엣!" 하는 '놀람'의 문법과, 토론에서 이겨 상대를 "으으으~" 하고 신음하게 하는 '논파'의 문법으로 전체가 구성돼 있다(그림4). 그 외의 책에서도 '매뉴얼' '핸드북' '토론' '상대가 이렇게 말하면 이렇게 되받아쳐라' 등이 주요 광고 문구로 돼 있다.

토론의 장에서 사용할 만한 실천적 지식 제공을 지향하고, 그것을 알기 쉽게 정리하려고 한다는 점에서 '혐한류' 관련 서적은 공통적이다. 그 대부분의 지식은 근거가 불명확하거나, 인터넷상에서 얻은 정보거나, 통속적인 책을 참고했거나, 해석이 일면적이다. 그렇기는 하지만 토론은 우선 그 자리에서 논쟁의 주도권을 잡으면 되기 때문에 근거가 그럴듯하면 된다. 상대가 모르는 것을 들이대 더 말하지 못하게 하는 시점에서 '승리' 하는 것이다. 때문에 비장의 카드가 되는 단편적 지식을 많이 끄집어낼수록 토론의 세계에서는 '승리조' 가 된다. 복잡한 이야기보다 단순하고 도식적인 쪽이 좋고, 인상 깊고 단적이면서도 구체적 예, 그럴듯한 숫자, 신뢰할 만한 전거 등이 수반되는 것이 좋다. 그 자리만을 위한 지식이라는 의미에서 이것을 임시변통 지식이라고도 부를 수 있을 것이다. 그런 의미에서 '혐한류' 는 '무지' 에서 나왔다기보다 오히려 어떤 종류의 지식에 대한 욕망에서 나온 것이라고도 할 수 있다.

이러한 특징은 인터넷 게시판이 '혐한류' 의 원천 중 하나였다는 점과도 관계있을지 모르지만, 좀 더 넓은 사회현상이라고 생각된다. 소위 '대학개혁' 의 모습을 봐도 최근 '토론' '프레젠테이션' 을 비롯한 지적 기술이나 도구에 대한 욕망이 증대하고 있다. 구글 검색 등도 이러한 임시변통 지식에 대한 욕망을 채워 주는 유력한 수단이다. 세계화의 영향인지는 몰라도 비즈니스 무대에서든 외교에서든 '주체적' 이고 '전략적' 이며 '만만찮고' '실천적' 인 커뮤니케이션에 대한 요청이 강해지고 있다. 실제로 나는 어느 국제공항 서점의 비즈니스 코너에 '혐한' 이나 '혐중' 관련 서적이 즐비하게 진열돼 있는 것을 보고 놀란 적이 있다. 토론

그림4
《만화 혐한류》 72쪽

에서 바로 써먹을 수 있는 임시변통 지식에 대한 욕망이 '일본인은 토론에 서투르다'는 '국민적' 콤플렉스와 결합된 형태로 '혐한류'의 하나의 원동력이 되고 있다고 할 수 있을 것이다.

'전후' 인식

'혐한류'의 언설은 마이너 의식을 가지고 '주류'적인 것에 대항하는 운동을 지향한다는 점에서 공통된 특징이 있다. 《만화 혐한류》에서는 종종 공교육과 매스미디어를 비판하면서 거기에서 '언급하지 않는' '알리지 않는' 것을 만화나 인터넷을 통해 '진실'로 제시하는 도식을 사용한다. 그것은 어떤 의미에서는 대항문화 수법의 전용이다. 《만화 혐한류》의 책 띠지에 있는 "각사에서 출판 거부되었던 문제작!"이라는 문구는 바로 그 전형이다. 그 대항문화의 담당자는 '일본'이라는 국가를 배후에 가진 '일본인'이기 때문에 실제로는 공인된 '주류'다. 그럼에도 마이너 의식을 느끼고, 그것을 타개하고자 '일본인'으로서 일어선 것이다. 이것은 《만화 혐한류》뿐만 아니라 1990년대 이후 일본사회에서 강화된 국민주의의 기본적 특징 가운데 하나다.[12]

'주류'적인 것으로 종종 거론되는 것이 '전후'다. 그 하나의 전형으로 오쓰키 류칸은 《만화 혐한류》에 대해 "'전후'를 규정해온 '공'적인 것"에 대한 이의신청이라고 평가했다(문헌①③ 외). 즉, 《만화 혐한류》 등에서 반전되는 지식과 인식은 '전후 일본'에서 '공'적으로 승인된 것이라고 말한다. 그러나 예를 들어 식민 지배나 전후 보상을 둘러싼 지식과 인식은 정말 '공'적인 것이었을까? 막연히 '일본은 뭔가 조선 사람들에게 나쁜 짓을 했다' 정도의 표면적 이해, 형식적·정치적 정의에 근거해 식민 지배와 차별을 비판하는 방식, 일단 사과해 두면 된다는 의례적 태도, 조선을 둘러싼 겉만 번지르르한 역사관이나 사회관… 이러한 소위 '상식'이라면 어쩌면 '전후' 일본의 어떤 시기에 일정한 사람들 사이에서 공유됐다고 할 수 있을지도 모르겠다.

그러나 별고[13]에서 밝힌 바와 같이, 그 근저에는 오히려 항상 다양한 형태의 '혐한'적인 것이 깔려 있었는데, 그것이 경제성장 등의 과정에서 어느 시점에 이르러 상대적으로 보이지 않게 되었던 것은 아닐까? 그런 상황에서의 '상식'은 일본과 조선의 뒤엉킨 관계에 가능한 한 깊이 개입하지 않고 끝내기 위한 편법으로 기능했던 것은 아닐까? 그러한 '상식'에 의해 보이지 않다 오늘날의 상황에서 표현의 장을 획득해 드러난 것이 '혐한류' 아닐까?

그렇다면 '혐한류'의 '전후' 비판에 그저 '전후'를 지킨다는 관점에서 대응하는 것은 잘못이다. 오히려 '전후' 민주주의, '양심적' 언설, 혁신운동에 대한 비판적 성찰 위에서 '혐한류'를 근저에서부터 비판할 필요가 있을 것이다.

우호와 연대

한국사회는 많은 문제를 안고 있다. 그 중에는 저출산 고령화, 사회적 빈부격차 확대 등 일본사회와 공통된 것도 있고, 남북 분단 상황이 초래하는 모순 등 한국 특유의 문제도 있다. '혐한류' 현상의 또 다른 특징은 한국이 안고 있는 문제점에 대해 왈가왈부한다는 점이다.[14] 문헌⑤는 현대 한국의 여러 문제를 이야기하는 자칭 '소한류(笑韓流)'의 글이다. 나는 한국에 조금 깊이 관련했다가 한국이 싫어진 사람으로부터 이런 이야기를 귀가 따가울 정도로 들었다.

되풀이하지만 한국사회는 문제를 안고 있다. 다만 그것을 남의 일로, 한국 일반의 문제로, '그들'의 문제로 이야기한다면 그것은 결국 뒤집어 말하면 일본에 살고 있고 일본인이어서 다행이라는 말밖에 안 된다. 즉, 자신의 민족적 주체를 보전하기 위해 한국을 거울로 이용하는 것에 지나지 않는다.

반대로 한국의 좋은 면만 이야기하는 '우호'도 결국 한국이 안고 있는 문제를 '그들'이 해결해야 할 것으로 차단하고, 역시 일본의 거울로 한국을 이용한다는 점에서 동전의 양면관계에 있다. 표면적 '우호'에서 느끼는 석연찮은 기분은 모르기는 해도 '혐한류' 현상의 하나의 원동력이다. 그런 기분은 나 또한 공유한다. 그렇다고 서로 욕을 해서 되는 것도 아니다. 그것은 서로 민족적 주체를 강화할 뿐이다.

한국사회의 문제를 이야기할 때는 그 문제에 대해 고민하고 적극적으로 임해 투쟁하는 사람들의 모습이나 그 현장을 떠올리면서, 거기에 자신도 가담해 자신까지 변혁해 갈 수 있는 관계로의 지향성이 필요하다. 하지만 결정적으로 '혐한류'에도 '한류'에도 이 지향성은 결여돼 있다. 예를 들면 한국사회의 장애인 문제를 거론한다면 한국에서 장애인 차별 철폐를 위해 싸우는 사람들의 모습, 그 현장, 그들의 주장을 상기하고 그와 연관을 맺기 위해서는 어떤 논리와 실천이 필요한가 하는 고민을 수반한 관계성이 필요한 것이다. 그런 관계성을 '연대'라고 부른다면, 그것은 단지 서로 악수하고 사이가 좋아지는 관계만도 아니고, 자신이 바라는 상대의 이미지를 타자에게 강요하는 위에서 맺어지는 관계도 아닐 것이다. 상호 역사적·사회적으로 형성돼온 골의 존재를 직시하고, '미래지향' 같은 어설픈 격려의 말로 그 골을 단숨에 메우려 하기보다 공통의 문제를 해결하기 위해 서로 노력하는 관계, 그것을 어떻게 만들어갈 것인가가 지금 가장 절실한 과제일 것이다.

'혐한류' 관련 주요 문헌 리스트

※ 여기에는 《만화 혐한류》 발행 이후 나온 관련서로, 단행본 형태를 띠는 주된 것만 열거했다.

① 《만화 혐한류》
　　山野車輪 저, 晋遊舍, 2005년 9월
② 《만화 혐한류2》
　　山野車輪 저, 晋遊舍, 2006년 2월
③ 《만화 혐한류의 진실!–'한국/반도' 터부 초입문》
　　宝島社, 2005년 11월
④ 《혐한류 토론–반일국가·한국에 반박한다》
　　北岡俊明+토론대학 저, 総合法令出版, 2006년 1월
⑤ 《혐한류의 진실! 장외난투편》
　　宝島社, 2006년 2월
⑥ 《혐한류 실천 핸드북 반일 망언 격퇴 매뉴얼》
　　桜井誠 저, 晋遊舍, 2006년 2월
⑦ 《만화 혐한류 공식 가이드북》
　　晋遊舍, 2006년 2월
⑧ 《혐한류의 진실! the 재일특권》
　　宝島社, 2006년 6월
⑨ 《혐한류 실천 핸드북2–반일 망언 반도 불타다 편》
　　桜井誠 저, 晋遊舍, 2006년 9월
⑩ 《한국·북한의 거짓말을 간파한다–근현대사의 쟁점 30》
　　정대균·古田博司 편, 文藝春秋, 2006년 8월
⑪ 《재일의 지도 大韓棄民国 이야기》
　　山野車輪 저, 海王社, 2006년 11월

주

1) 이 장은 이미 발표한 졸고 〈'혐한류'의 해부학〉(한국어판: 《창작과 비평》 2006년 여름호, 일본어판: 서승 외 편 《'한류'의 내외》御茶ノ水書房, 근간)의 내용을 축약하고 몇 가지 논점을 추가한 것이다. 때문에 중복되는 부분이 있을 수 있다. 또 이 글은 2006년 2월 리쓰메이칸 대학(立命館大学)에서 열린 '한류'를 둘러싼 심포지엄 '동아시아에 발신되어 확산되는 한국 문화력의 가능성'(立命館大学 코리아연구센터, 창작과비평사 공동주최)에서의 발표 내용이다.

2) 예를 들면 《만화 혐한류》 제4화 '일본문화를 훔치는 한국'에서는 현대의 '한국', 이전의 '조선', '조선인' '한국인' '재일한국인'에 의한 갖가지 '날조'를 줄줄이 논한다. 《만화 혐한류2》 제2화 '세계에서 미움받는 한국인'에서는 베트남·멕시코·아르헨티나·팔라우·로스앤젤레스 등에서의 '한국' '한국인'을 나열한다.

3) 인종주의(racism)란 피부색 등 생물학적 차이에 근거하는 것만을 의미하지는 않는다. 인종주의의 역사적 형성에 대한 연구가 심화함에 따라 '흑인' '백인'이라는 개념이 얼마나 조작된 것인지가 명백해졌다. 즉, 노예제나 식민 지배 등에 기인하는 현실적 차별을 정당화하고 유지하는 원리로서 갖가지 인종적 말과 제도가 만들어졌다. 그런 의미에서 피부색은 인종주의의 알기 쉬운 한 지표에 지나지 않는다. 같은 '황색 인종' 사이에서도 민족·종교·국적 등에 근거한 인종주의가 있을 수 있고, 실제로 존재했다. '인종' 개념의 형성에 대해서는 우선 다케자와 야스코(竹沢泰子) 편 《인종 개념의 보편성을 묻는다》(人文書院, 2005)를 참조할 것.

4) 《만화 혐한류》에서는 '귀화' 한 국회의원에 대해 '정말 일본의 국익을 위해 일할 것인가… 잘 지켜보아야 한다'(195쪽)며 '국익'을 기준으로 한 감시의 눈길을 보내는 것을 볼 수 있다. 《만화 혐한류》에서 범죄 보도에 '통명'을 사용하는 것을 비판하는 것도 '통명만 보도하면 일본인이 저지른 범죄와 구별되지 않는다'(156쪽)고 하여 일본인이 식별, 관리하기 쉬운 존재이기를 바라기 때문이다.

5) 이러한 인종주의와 국민주의의 관계에 대해서는 오스트레일리아의 상황에 대해 논한 갓산 하지(Ghassan Hage)의 《화이트 네이션》(平凡社, 2003)이 매우 참고가 된다.

6) Doudou Diene "Report of the Special Rapporteur on contemporary forms of racism, racial discrimination, xenophobia and related intolerance," E/CN. 4/2006/16/Add. 2, 24 January 2006, paragraph 72. 이 보고서의 일본어 번역문은 반차별 국제운동 홈페이지(http://www.imadr.org/japan/)에서 읽을 수 있다.

7) 더반회의에 대해서는 더반 2001편 〈반인종주의·차별철폐 세계회의와 일본〉(월간 《부락해방》 2002년 5월호 증간)을 참조할 것.

8) 오쓰키 류칸(大月隆寛)의 에세이 〈자학과 혐한〉(①에 수록) 글머리에 이러한 특징이 잘 나타나 있다. "우선 확실하게 말해 버리자. 우리는 어쨌든 조선인이 싫다. 한국인도 북한인도 아니고 '조선인'이다."

9) 문헌④의 경우는 더 노골적이어서 "안중근은 진정한 테러리스트다. 한국인이 테러를 찬미한다는 것은 극히 비상식적이다. 세계가 테러를 박멸하려 하는 이때 테러를 찬미하다니, 한국인은 인류의 적이다."(188쪽)와 같은 표현도 있다.

10) 본문에 든 사례(42세·여성·주부) 외에 "이런 기분 좋은 책이 나온 것에 정말 감동하고 있습니다."(35세·여성·자영업), "매우 흥미 있게 읽었고, 정말 눈에 씌웠던 깍지가 벗겨졌습니다. (중략) 나도 매스컴이나 각종 출판물에서 하는 말을 그대로 믿고 '일본이 나빴구나' 하고 생각했습니다."(31세·여성·회사원), "솔직히 깜짝 놀랐습니다. 이게 정말이라면 충격입니다. (중략) 지금이

야말로 일본의 정당성을 증명할 때가 왔다고 생각합니다."(22세 · 남성 · 인재파견회사 근무), "지금까지 일본인이 막연히 느끼던 모호했던 생각을 이렇게 적확하게 표현한 책은 없었다."(39세 · 남성 · 자영업) 등의 감상이 있었다.

11) '젠더 프리' 비난에 대해서는 최근 다음과 같은 몇 권의 책이 나와 있으므로 참고하기 바란다. 와카쿠와 미도리(若桑みどり) 외 《'젠더'의 위기를 넘는다!-철저 토론! 백래시》(青弓社, 2006), 우에노 치즈루코(上野千鶴子) 외 《백래시!-왜 젠더 프리는 비난받았는가?》(双風舍, 2006), 일본 여성학회 젠더연구회 《Q&A 남녀공동참획/젠더 프리 비난-백래시에 대한 철저 반론》(明石書店, 2006).

12) 실제로 '자유주의사관연구회'의 초기 저작 제목도 《교과서가 가르치지 않는 역사》(산케이신문 뉴스 서비스, 扶桑社, 1996)였다. 이러한 표현은 오히려 일본 내셔널리즘 비판의 맥락에서 사용된 것이기 때문에 당시 제목만 보고 잘못 샀다는 사람도 있었다.

13) 주1)의 문헌을 참고하기 바란다. 거기에서는 1950~60년대에 행해진 일본인의 '인종' 관을 둘러싼 조사를 이용해 '전후' 일본의 조선인에 대한 현저한 인종적 편견을 논했다.

14) 예를 들면 《만화 혐한류2》의 '차별대국 한국'(제7화)에서는 가부장제, 교통 매너, 장애인 차별, 해외 입양, 성매매 문제, 재일동포 차별 등이 거론된다.

2. 만화 표현으로 본 '혐한류'
- 캐릭터 조작을 통한 인종주의

나카니시 신타로 (中西新太郎)

《만화 혐한류》의 내용을 '올바른 사실'로 받아들이는 이해[1]와, 한국·중국의 '부당한 반일 공격'에 대한 반발[2]은 《만화 혐한류》의 독자에게서 볼 수 있는 전형적 반응이다.

이런 반응을 낳는 배경의 하나로 《만화 혐한류》의 표현 방식을 들 수 있다. '이것이 진실이다!' 식의 설득 수법, 토론[3] 형태를 띤 장면이나 주제 선택에 의한 문제의 단순화라는 수법에 더해 만화 표현의 특질인 과상과 캐릭터 조작도 사용된다. 이러한 것들이 정작 필요한 논증이나 비판적 검토를 무시하게 하고, 심지어 그 결핍을 은폐하는 것이다.

이 글에서는 《만화 혐한류》가 사용하는 만화적 표현, 특히 캐릭터 조작에 초점을 맞춰 거기에 담긴 인종주의의 특질을 살펴보기로 한다.

현실을 조작하는 '캐릭터 개재'

《만화 혐한류》에서 취급하는 주제는 픽션으로 완결돼 있지 않고 현실의 일로 읽히도록 돼 있다. 예를 들면 전후 보상이나 한일조약 등에 관한 설명은 말풍선에 둘러싸인 등장인물의 대사를 통해 역사상의 '사실'을 전하는 것처럼 그려진다. 예를 들면 '사실'에 대해 등장 캐릭터가 "말도 안 돼…"라고 덧붙이는 것이다.[4] 이렇게 함으로써 '이렇게 말도 안 되는 사실이 존재했다'고 직접 서술하는 경우와 또 다르게 인상 조작의 영역이 넓어지는 것이다. 픽션과 현실을 연결하고 그 사이를 오가게 하는 수법은 역사적·사회적 리얼리티를 바꾸는 기능을 하는 것이다.[5]

만화라는 표현 양식의 이러한 정치적 기능을 생각할 때 중요한 초점이 되는 것이 캐릭터다.[6] 《만화 혐한류》에 등장하는 캐릭터는 한일관계와 이와 관련된 일본사회의 문제에 대해 마음대로 또 의도적으로 방향을 설정하고 거기에 맞춰 변형·형상화하는 역할을 한다. 캐릭터는 내용을 전하는 투명한 중개인처럼 보이지만 사실은 그렇지 않다. 사실이나 데이터의 자의적 선택이나 해석이 '자연스러운' 것처럼 보이게 하고, 그렇게 함으로써 현실 인식에 개입하는 것이다.

《만화 혐한류 공식 가이드북》의 '캐릭터 데이터'에 정리된 주요 캐릭터를 비롯해 저자인 '야마노 샤린'이나 '프로 시민' '조총련 사람' '오

그림1 《만화 혐한류》 121쪽

카자키 도미코(岡崎トミ子)' 'KBS 취재원' 등의 '캐릭터'를 보면《만화 혐한류》의 캐릭터가 작자에게 유리한 현실을 만들어내는 데 중요한 역할을 한다는 것을 잘 이해할 수 있다.

만화 속에서의 차별 표현은 허용되는가?

실제 인물의 캐릭터화에는 제약이 있는[7] 것이 당연한데,《만화 혐한류》에서 특히 문제로 지적해야 할 것은 특정 집단을 고정관념화한다는 점이다. 픽션에서의 '캐릭터화'라는 조작은 '가공의 존재'라는 특성 때문에 현실과 픽션을 마음대로[8](따라서 자의적으로 혹은 차별적으로) 조작할 수 있는 것이다.

《만화 혐한류》에는《고마니즘선언》(小林よしのり의 만화―역자 주)에 나오는 '요시린'처럼 작자의 분신 캐릭터는 등장하지 않는다. 대신 고마니즘 화법과 달리 익명의 작자에 의한 '체제 비판'이라는 수법을 채용했으며, '권위'에 대항하는 '무명의 시민들'이 '진실'에 다가가는 도식을 취했다. 일본의 정당성을 주장하는 젊은 캐릭터 집단(편의상 'J캐릭터'라고 부르기로 한다)이 '일본을 규탄하는 반일 캐릭터 집단'(편의상 '반일 캐릭터'라고 부르기로 한다)과 대치한다.

이 도식에서는 대립하는 캐릭터 집단의 묘사가 중요한 의미를 갖는다. 현실과 허구를 연결해 가는 캐릭터 조작을 얼마나 정당화할 수 있는가는 대립하는 캐릭터 간의 싸움 묘사에 좌우되기 때문이다.

여기서 캐릭터 간의 싸움이란 어느 쪽이 주장하는 내용이나 논점이 정당한가를 둘러싼 싸움이 아니라 어느 쪽이 스토리 조작자가 될 수 있는가 하는 싸움을 의미한다. 스토리 조작자가 되는 캐릭터는 자기의 특질이나 위치를 이용해 자기에게 유리한 주제를 선택할 수 있고, 또 자신들 쪽에 호감을 갖게 하면서 악역 캐릭터 쪽을 단순화하거나 폄하할 수 있다. 《만화 혐한류》에서는 J캐릭터가 조작자의 위치를 차지하는데, 그 타당성은 캐릭터 간 싸움의 귀결로 드러내 보이지 않으면 안 된다. 그렇지 않으면 J캐릭터는 어디까지나 작자의 조잡한 분신이며, 작자의 '주장'을 전하는 데 지나지 않는 것으로 간주되기 때문이다.

즉, J캐릭터가 내놓는 주장이나 내용뿐만 아니라 'J캐릭터 대 반일 캐릭터'라는 싸움 차원에서 J캐릭터 집단의 우위성과 반일 캐릭터의 열위성이라는 구도를 되풀이 묘사함[9]으로써 '일본의 정당성'이 설득력을 갖는 구조인 것이다.

그런 장면에서 반일 캐릭터의 열위성을 인상짓게 하기 위한 수법으로 캐릭터 간의 싸움에 차별된 표현이 사용된다. 그런데 특정 집단에 대한 고정관념화 – 예를 들면 동성애자에 대한 '오카마(おかま)'라는 야유적 표현을 상기하자 – 에 의해 그 집단에 속하는 것으로 간주되는 사람이 굴욕감을 수반하는 부정적 평가 혹은 부정적 취급을 받을 우려가 있는 경우 그런 고정관념화는 차별을 불러일으키는 조작일 수밖에 없다. 따라서 비록 '가공의 존재'라고 해도 특정 집단을 고정관념화해 차별적으로 그리는 것은 차별의 문화적 정당화라는 점에서 엄격하게 비판받아야 할 것이다.

데즈카 오사무(手塚治虫)의 "기본적 인권만은 결코 야유해서는 안 된다"는 발언은 이런 의미에서 차별적 묘사에 대해 자성해야 한다는 요구를 담고 있다. 데즈카가 이 발언에 이어 내놓은 금기는 "전쟁이나 재해의 희생자를 놀리는" 것, "특정 직업을 폄하하는" 것, "민족이나 국민 그

리고 대중을 바보로 만드는" 것 등이다.[10]

 '가해-피해' 관계나 '강자(권력)-약자(무력)' 관계를 그릴 때 표현이라는 것이 억압적으로 작용할 위험은 항상 존재한다. 비록 픽션이라 할지라도, 아니 오히려 픽션이기 때문에 그런 위험을 인지해야 한다. –데즈카의 주장은 이렇게 해석할 수 있으며, 이것은 정당하다. 그런데 허구와 현실의 관계를 조작하는 만화 표현에서 엄격히 짚고 넘어가야 할 그런 문화적 규범을 《만화 혐한류》는 대충 넘겨버린 것이다.[11]

 바로 이런 점에서 《만화 혐한류》는 차별의 문화적 정당화를 의도한 작품이라고 해야 한다. 예를 들면, 전술한 '캐릭터 데이터'에서는 '프로시민'을 '좌익적 사고에서 벗어나지 못한 채 나이만 먹은 아줌마' '아줌마는 승부욕이 강하다'는 등으로 기술해 성·연령차별주의가 명백하다. '사람들의 특징을 과장해 그리는 것은 만화의 중요한 표현 방법'이기 때문에 차별이 아니라는 주장은 결코 정당화할 수 없다.[12]

재일 조선인은 어떻게 그려졌는가?

 《만화 혐한류》가 그리는 재일 조선인상은 현대 일본의 대중의식을 반영한 인종주의적 표현으로, 더욱 중대한 문제를 안고 있다.

 《만화 혐한류》에서의 재일 조선인상은 '마쓰모토 고이치(松本光一)'라는 캐릭터로 대표되는데, 그는 각진 얼굴과 찢어져 올라간 눈이라는 조선인 고정관념[13]으로 묘사된다. 또 토론에서 패하자 '한국인 특유의 정신질환'이라는 '화병'[14] 상태를 보인다. 부정적 조선인상을 고정화하는 존재로서 재일 조선인 캐릭터인 '마쓰모토'가 필요했는데, 이는 재일 조선인 차별을 '피해망상'이라면서 J캐릭터의 주장을 보강하는 귀화한 재일 조선인 '가네다 야스히로(金田安弘)'와 대조적이다.

부정적 고정관념을 대표하는 '마쓰모토'는 J캐릭터 집단으로부터 수시로 '편견'을 고칠 것과 '반일'의 잘못을 인정할 것을 종용받는다. 이야기 조작의 주체인 J캐릭터는 캐릭터 간의 싸움에서 확실하게 승리를 거둘 수 있도록 논의의 범위, 논점의 선택 등을 특권적으로 설정할 수 있는데, '마쓰모토'는 그 장면 장면에서 항상 열세에 놓인다. '마쓰모토'라는 캐릭터가 그렇게 설정돼 있기 때문에 J캐릭터의 '우위'가 깊은 인상을 받는 것이다. 이러한 고정화는 바로 민족적 소수자를 열등한 존재로 그리는 인종주의적 표현 외에 아무것도 아니다.

한편 '마쓰모토'는 스토리 중에서 특별한 역할도 맡고 있다. 그것은 J캐릭터의 주장에 직면해 동요하는 장면에서 단적으로 나타난다. '완고한 반일 사상으로 굳게 뭉친 재일 조선인'이라는 인상을 무너뜨리지는 않지만, 그런 자신의 주장에 의문을 품는 점에서 '인간미'[15]가 나타난다는 대비다. 전자의 고정관념화도 차별적이지만 '일본의 정당성'을 알고 고민하기 시작하면서 비로소 인간적이 된다는 후자 또한 차별적이다.

그림3
《만화 혐한류》 71쪽

재일 조선인이 일본사회에서 어떻게 행동하면 용인받을 수 있는지 J캐릭터로 대표되는 우월적 주류집단이 지정하는 것이기 때문이다.

인종 차별, 마이너리티 차별을 유발하고 격화하는 표현의 자제를 요구하고 인종차별을 선동하는 출판물을 헤이트 크라임(Hate crime: 인종·민족·종교 등 자신과 다른 집단에 대한 편견·차별·멸시 등으로부터 비롯되는 범죄행위-역자 주)으로 간주해 처벌 대상으로 하는 국가가 많은 유럽의 기준에 비춰 보면 《만화 혐한류》는 출판을 금지해야 할 대상이라고 해도 전혀 이상하지 않다.

만화 특유의 표현 양식을 통한 차별의 역사에서 《만화 혐한류》는 부정적 사례의 하나라고 할 수 있을 것이다.

▶ 주

1) 예를 들면 다음과 같은 독자의 투서가 있다. "이 책을 읽고 몰랐던 사실이 이렇게나 많았다는 것을 알게 됐습니다. 텔레비전 등에서 이야기하는 것은 단지 일부 단편적인 것임을 알았으며, 동시에 45년간이나 일본인으로 살고 있는데 한일 역사를 바로 인식하지 못하고 있었다는 것을 부끄럽게 생각했습니다."(《만화 혐한류 공식 가이드북》 26쪽)

2) "내가 항상 느꼈던 한국 및 한국인의 이해할 수 없는 언동에 대한 의문, 그리고 그런 언동에서 오는 매우 불쾌한 기분, 그리고 일본 정부의 하는 일 없이 시간만 보내는 소극적 대응에 대한 커다란 불만 등에 충분히 답해 주었습니다."(앞의 책, 16쪽)

3) 다만 《만화 혐한류》에서의 토론 묘사는 '반일세력' 측의 주장이 설득력을 갖지 못하도록 조작돼 있다.

4) 예를 들면 그림1 참조.

5) 예를 들면 일교조에 대해, 주요 캐릭터의 한 사람이 "마르크스·레닌주의 및 북한의 주체사상을 신봉하는 반일 사상단체"라고 말한다(《만화 혐한류2》 제5화). 현실인식 차원에서는 그러한 기술의 진위, 적절도, 근거는 엄격하게 따진다. 그러나 5화 끝부분에서는 "이 이야기는 역사적 사실이나 실제 사건·사상 등을 제재로 하고" 있지만 "등장하는 인물·단체는 일부를 제외하고는 가공"이며 "실제 인물·단체와 일절 관계가 없다"는 출판사의 단서가 붙어 있어 비판을 면할 수 있게 돼 있다. 캐릭터의 발언 내용의 '허구성'을 면죄부인양 사용해 현실의 변조·왜곡을 가능하게 한다.

6) 물론 캐릭터 조작이라는 수법은 '캐릭터화'를 우선시하는 소설이나 '헬로 키티' 같은 캐릭터 상품 등에도 있어 만화에만 한정되는 것은 아니다.

7) 실제 모델을 다루는 점과 실제 모델을 용이하게 특정지을 수 있는 캐릭터를 묘사하는 점에서도 《만화 혐한류》는 커다란 문제를 안고 있다. 실제 모델의 과장에 의한 왜곡은 고바야시 요시노리의 《전쟁론》에서 이미 문제가 됐다.

8) 이 도식에는 '무명씨'가 특유의 스타일로 감정을 집적해 현실을 만들어 내는 네트워크 세계의 모습이 반영돼 있다. 또 비판의 대상이 '체제'가 《아사히신문》으로 대표되는(그 자체가 허구이지만) '반일 미디어' 등으로, 국가가 빠져 있는 것도 특징이다. 스스로 '지하문학' 형 미디어에 비견하고, 대립하는 '권위'를 '아사히' '전후민주주의' 등으로 그리는 구도는 개그맨 도리타 미노루(鳥肌実)의 퍼포먼스에서 볼 수 있듯 대중문화를 통해 '소재'로 육성돼 대중적으로 표상화돼 왔다.

9) 예를 들면 반일 캐릭터의 하나인 '프로 시민'의 주장을 '히죽'이라는 의성음과 함께 그려 기분 나쁘게 묘사한 장면이 나오는데, 이처럼 《만화 혐한류》에서는 여기저기에서 캐릭터 간의 싸움을 통한 조작이 행해진다.

10) 《만화 그리는 법》(手塚治虫, 光文社, 1977) 240쪽. 또 표현이 갖는 억압 기능과 사회문화적 규범을 둘러싼 문제는 '취약성'과 '수행성' 같은 관념을 사용해 구미권에서 여러 가지로 논의되고 있어 표현의 자유를 옹호하기만 하면 된다는 단순한 문제는 아니다.

11) 《만화 혐한류》의 인종주의가 용인되는 역사적 전제에는 1970년대 이후 만화 표현에서 차별적 묘사가 무자각적으로 확대됐다는 점이 있는 것 같다. 《가키데카(소년 형사)》(山上たつひこ, 1974~81) 무렵부터 시작되는 '대중을 바보 취급하는' 냉소주의가 특정 집단의 멸시로 '진화'하는 과정은, 예를 들면 홋타 가쓰히코(堀田かつひこ)의 《오바타리안》(1988~98)에 나오는 중년여성상 하나를 보아도 간과됐음을 알 수 있다. 성·연령·인종 차별 등 각각 고유의 표상·표현 양식에 따른

검토는 이루어지지 않았던 것이다.

12) "작자 및 출판사는 차별의 의도가 전혀" 없다(만화 혐한류2)고 변명하지만, 예를 들면 '무척 징그러운 미소' 와 함께 "~자마스"(주로 유한부인들이 있는 척하며 말끝에 붙이는 말-역자 주)를 연발하는 중년여성을 '프로 시민' 의 전형으로 그린 데서는 성적 고정관념화를 비롯해 이중 삼중의 차별 감각이 넘쳐난다.

13) 조선인에 대한 고정관념화는 '분위기 파악을 못 한다' '섬세함이 없다' 는 '성격 묘사' 에도 일관돼 있다. 이에 대해 J캐릭터가 공유하는 '재팬 쿨' 에 대해서는 졸고 〈개화하는 'J내셔널리즘' 〉 (《세계》 2006년 2월호)에서 간결하게 언급했다.

14) '화병' 은 '문화결합증후군' 의 하나로 미국정신과협회의 1994년 정의(미국정신의학회의 소위 DSM Ⅳ를 가리키는 것으로 생각된다)에 기초한다고 돼 있는데, DSM Ⅳ의 문화결합증후군 자체가 인종주의를 용인하기 쉽다는 문제에 대해《만화 혐한류》는 자각이 없다. 더구나 문화결합증후군을 민족 고유의 정신질환이라고 설명하는 것은 극히 조잡한 것이다. 또 '화병' 이 '적반하장' 은 아니라고 인정하면서도(《만화 혐한류》 36쪽) 감정을 노골적으로 드러내 날뛰는 표현을 과장이니 인정하라는 것은 변명이 되지 못한다.

15) 예를 들면 '재일 특권' 에 대해 J캐릭터에게 묻는 장면 등(그림2). 또 '인간미' 의 묘사 방법과, 표상과 식민주의의 관계에 대해서는 이미 '포카혼타스' (Pocahontas: 처음 유럽으로 건너간 아메리카 원주민 여성-역자 주)와《버마의 수금》을 다룬 마사키 쓰네오(正木恒夫)의 비판《식민지 환상》 (みすず書房, 1995) 등 많은 검토가 있다. '마쓰모토' 의 '인간미' 에 대한 묘사는 식민지의 시선이 명백하게 드러난 사례다.

제II부

일본의 조선 식민 지배를 둘러싸고

3. 한국 병합은 조선인이 바란 것인가?_오가와라 히로유키
4. 식민 지배는 조선을 잘살게 했나?_마쓰모토 다케노리
5. 일본인과 조선인은 평등했나?_이타가키 류타
6. 일본인은 한글을 보급했나?_미쓰이 다카시
7. 창씨개명이란 무엇인가?_미즈노 나오키
8. 조선인 강제연행은 없었나?_도노무라 마사루
9. '위안부' 제도는 범죄가 아니었나?_가와 가오루

3. 한국 병합은 조선인이 바란 것인가?

오 가 와 라   히 로 유 키 (小川原宏幸)

1904년 러일전쟁을 빌미로 대한제국에 직접적으로 간섭하기 시작한 일본은 러일전쟁에서 승리하자 구미 열강의 양해를 얻어 1905년 11월 제2차 '한일협약'을 맺고 대한제국을 보호국[1]으로 삼아 통감부를 설치해 본격적인 식민 지배를 시작한다. 이러한 일본의 침략에 대해 이미 러일전쟁 때부터 한반도 각지에서 저항운동이 빈발했는데, 이 운동은 일본이 식민지정책을 진전시킴에 따라 여러 계층에 의한 반일운동으로 확대돼 전국적으로 전개됐다.

그러나 조선인이 병합[2]을 원했다고 주장하는 논자 혹은 일본의 조선 식민 지배를 상대화하려는 논자는 이러한 역사적 사실은 거의 언급하지 않고 일진회 등 일부 친일 세력의 합방운동 등을 들어 "조선인들이 일본의 지배를 원했다"고 주장한다.[3] 또 한편으로는 당시의 반일 민족운동 논리에서 근대적 내셔널리즘 혹은 민족주의의 발현을 찾는 견해가 아직도 주류다.

그러나 그러한 견해로는 반일운동의 실상을 파악할 수 없다. 우리에게 필요한 것은 일본의 식민지화 과정에서 조선 민족이 어떤 논리로 반일운동을 했는지 이해하는 것이다. 이 글에서는 일본의 조선 침략에 대한 무장 저항인 의병항쟁과 애국계몽운동의 동향에 대해 조선사상사의 문맥에서 접근하면서 조선의 반일운동 논리를 추적해 보기로 한다.

조선의 반일운동 논리 – 의병항쟁으로부터

일본의 한국 보호정책에 대해 '헤이그 밀사 사건'[4]으로 상징되는 대한제국 황제의 주권 수호 외교와, 전국 규모로 전개된 의병의 반일 무장투쟁 혹은 애국계몽운동 등 독립을 목표로 한 국권회복운동이 황제부터 민중에 이르기까지 광범위하게 전개됐다.[5] 그 중에서도 의병에 의한 반일 무장투쟁인 의병항쟁은 치열함이 극에 달했고, 그에 대응하는 일본군의 전투 또한 지속적이고 광범위하게 행해졌다.

일본의 치안 기구가 편찬한 《조선 폭도 토벌지》에 따르면 1907년부터 1910년 병합까지 4년간 의병과 일본군의 교전은 2,819회로 14만 명의 의병이 참가했고, 의병 측 사망자는 1만7,688명에 달했다.[6] 사망자 수로 그 규모를 추측하는 것은 하나의 지표에 지나지 않지만, 이 수는 청일전쟁 때 일본인 전사자인 약 1만3,000명을 크게 웃도는 것이다. 그런 의미에서 조선의 의병항쟁은 조국방위전쟁이라고 할 만한 규모로 전개됐다고 할 수 있다.

여기서 의병이 어떤 논리로 반일운동을 했는가 하는 점을 짚고 넘어갈 필요가 있다. 예를 들면 1906년 봉기한 의병장 최익현은 '위정척사(정학, 즉 유교를 비롯한 중화문명을 지키고 사학, 즉 기독교로 대표되는 서구 근대문명을 배척한다)'라는 화이사상에 기초한 문명관으로 구축돼 있었다. 화이사상, 즉 중화와 오랑캐의 구별은 특정 지역에 고정되는 것이 아니라 유교적 도의관에 기초해 설정된 것으로, 이민족 왕조인 청국의 성립을 계기로 조선에 소중화 사상이 발생했다.[7] 즉, 유교적 규범이 철저해짐에 따라 유교적 보편주의가 다시 일어난 것이었다.

위정척사의 입장에서 일어난 의병항쟁은 '충애'와 '신의'라는 유교적 도의를 다하지 않는 일본을 비판한다는 논리에 따른 것이었다. 이러한 논리는 제2차 '한일협약'에 의한 한국의 보호국화에 대항하는 의병장이 일본의 약속 불이행을 문제시한 것에서 잘 나타난다. 한국의 보호국화는 1895년의 '청일강화조약(시모노세키 조약)'과 '대러선전조서' 등에서 여러 차례 일본이 공언한 한국의 독립 보장을 침해한 것이었기 때문이다.

유교적 보편주의에서 나온 의병의 반일운동 논리는 러일전쟁을 계기로 일본군에 의한 군정 및 일본의 식민통치가 조선 민중의 생활을 피폐하게 하는 가운데 민중에 의해 내면화돼 조선 전 사회로 확산했다.[8] 러일전쟁 시 일본군은 철도용지·군용지의 강제 수용을 비롯해 식량 징발 등 갖가지 부담을 조선 민중에게 강요하는 한편 일본군에 반대하는 민중에게는 군율체제라고 불리는 군정을 실시해 사형을 포함한 엄벌로 대처했다.

이러한 일본의 가혹한 지배에 대한 민중의 소박한 반발로 원초적 내셔널리즘이 형성되기 시작했는데, 그것이 동학이라는 민중종교를 매개로 의병에 의한 반일운동 논리와 결합한다. 1907년의 제3차 '한일협약' 체결에 따른 한국 군대 해산으로 의병운동은 더욱 고양되는데, 그 전개 과정에서 종래의 유학자를 중심으로 하는 의병에서 소위 평민 의병으로 항쟁의 주체가 변해간 것이 그 일단을 명확하게 나타낸다.[9]

유교적 문명관에 기초한 소국사상

　조선적 사유에 대한 유교적 문명관의 영향은 제국주의시대 조선의 국가전략도 강력하게 규정했다. 아편전쟁 등을 비롯한 이른바 서양의 충격 이후 동아시아의 국제관계는 종래의 책봉체제[10]를 근대적으로 재편한 중국을 중심으로 하는 국제체제와, 구미 중심의 '만국공법' 체제가 병존·상극하는 상황이 계속되다가 청일전쟁을 계기로 만국공법체제로 일원화돼 갔다.[11]
　이러한 국제정세 아래 일본은 극히 이른 단계에서 대국주의적 방향을 취해 대응한 데 비해 조선은 유교적 도의관에 기초한 소국사상을 관철했다. 인덕을 근본으로 하는 왕도를 추구하는 것이 유교의 이상적 국가상이었기 때문이다.
　청일전쟁 이후 두 국제체제의 균형 위에서 스스로 진로를 모색한 '자강'론적 구상뿐만 아니라 아시아주의라는 소국구상이 일반화하면서 조선에서도 소국사상의 표출 방법이 이원화됐다.[12] 즉, 조선에서는 유교적 왕도론에 기초한 소국연합을 달성해 구미 열강의 동아시아 식민지화에 대항하려는 소국주의적 아시아주의가 생겨난 것이다. 이런 점에서 일본을 중심으로 한 아시아 연합으로 구미 열강에 대항하는 동양 맹주론적 아시아주의를 구상한 일본과는 질적으로 크게 다르다.[13] 이상과 같은 과정에서도 알 수 있듯 조선의 아시아주의 형성에는 책봉체제적 발상이 짙게 그림자를 드리우고 있다.

일진회의 친일 논리는 왜 버림받았나?

한국이 일본의 보호국이 되자 여러 형태로 국권회복운동이 일어났다. 그 가운데 개화파[14]의 흐름을 계승한 것이 애국계몽운동이다. 이 운동은 특히 도시 지식인층이 주도했는데, 친일파·일진회도 이 조류에 속한다.[15]

애국계몽운동은 당시 유행했던 사회진화론을 수용하면서 국권 신장을 지향하는 조류와 아시아와의 연대를 지향하는 조류로 나뉘었다. 특히 후자의 경우는 일본의 대한보호정책이 '자치론'이라는 환상을 심어주면서 침략에 대한 비판력이 약해지고 나아가 오히려 이에 영합하는 자까지 나타났다. 그 대표적인 것이 일진회였다.

일진회의 사상에 대해 이제까지는 일본의 근대적 물질문명에 대한 경도만이 강조됐는데, 일본의 '덕의'를 강조했다는 것에도 주의할 필요가 있다. 일진회 회장 이용구가 주장한 한일합방론인 '정합방' 론은 일본과 천황의 '덕의'에서 통치 원리를 구한 것이었는데, 의병장으로 대표되는 당시 조선의 유교적 문명관에서는 패도를 추구하는 일본에 도의를 요구하는 발상 자체가 극히 이단이었다.

이용구는 일본의 제국주의적 팽창에 대해 책봉체제를 국제법적으로 합리화하면서 중화의 대상을 중국 황제에서 일본 천황으로 바꿔 한일합방을 풀이했던 것이다. 제국주의에 대한 비판력이 약한 것은 부정할 수 없지만, 그 발상은 일본에 왕도적 통치를 구한다는 것이었다. 그것은 국제정치에 대한 이해가 친일적이었기 때문에 제국주의 비판을 결여했다기보다 일본의 제국주의적 대외 팽창에 대해 낙관적으로 조선적 문명 해석을 한 것으로 이해할 수 있을 것이다.

그러나 '정합방' 론에 나타난 소국사상적 친일 논리는 본질적으로 천황제 국가원리[16]에 저촉하는 것이었다. 그것은 합방청원서가 '덕의' 라는 명목 아래 천황과 일본 정부의 조선 식민 지배를 제한하는 요소를 내포하고 있고, 일진회의 요구를 충족시키는 형태의 한일합방 실행 여부에 대한 판단은 최종적으로 천황의 뜻으로 귀착되는 구조였기 때문이다.

한국병합 계획이 실행 단계에 들어서자 일본 정부가 일진회를 버리고, 또 한국병합 후 일진회가 다른 단체와 마찬가지로 해산되는 이유를 이런 점에서 구할 수 있다. 다시 말하면 조선에 대한 일본의 식민 지배는 친일파나 일진회의 합방론조차 수용하지 않을 정도로 모든 공론을 폭력적으로 봉쇄한 상태에서 성립된 독선적 행위였던 것이다.

▶ 주

1) 근대 제국주의에서 보호국이란 조약에 의해 피종속국의 통치 기능 일부를 제한하는 지배관계를 말하는데, 특히 국제법상으로는 대외적으로 국가주권을 표명하는 외교권이 다른 나라에 의해 제한되는 상태를 가리킨다.

2) 일본의 한국병합 과정에 대해서는 모리야마 시게노리(森山茂德)의 《한국병합》(吉川弘文館, 1992), 운노 후쿠주(海野福壽)의 《한국병합》(岩波書店, 1995) 참조.

3) 《만화 혐한류》 제8화 '한일병합의 진실'은 그 일례다.

4) 헤이그 밀사 사건은 일본의 침략행위와 제2차 '한일협약'의 불법성을 호소하기 위해 1907년 네덜란드의 헤이그에서 열린 만국평화회의장에 3인의 독립운동가가 대한제국 황제의 특사 자격으로 나타나 참가를 요청한 사건이다. 이것을 계기로 일본은 더욱 강력한 식민지화를 추진했다.

5) 보호국 당시의 한국, 특히 의병의 상황에 대해서는 F. A. 매킨지의 《조선의 비극》(渡部學 역, 平凡社, 1972) 참조.

6) 그에 비해 같은 시기 일본 측 전사자는 133명으로 기록돼 있다. 그 압도적 수의 차이에서 일본군에 의한 포로·투항자 학살 가능성도 지적되고 있다.

7) 조선에서의 유교 수용, 소중화 사상의 성립에 대해서는 야마우치 고이치(山內弘一)의 《조선에서 본 화이사상》(山川出版社, 2003) 참조.

8) 양반이라는 신분적 명칭이 아니라 유교적 보편주의를 체현하는 '선비' 의식이 근대 이행기부터 일본의 식민지 통치기에 걸쳐 민중으로 확산·체현돼 가는 과정 및 그 동향에 미친 동학의 역할에 대해서는 조경달의 《이단의 민중 반란-동학과 갑오농민전쟁》(岩波書店, 1998), 동 《조선 민중운동의 전개-선비의 논리와 구제사상》(岩波書店, 2002)이 자세하다.

9) 의병항쟁을 둘러싼 근년의 연구 성과로 신창우의 〈무뢰와 창의의 사이-식민지화 과정의 폭력과 조선인 '용병'〉(須田努·조경달·中嶋久人 편, 《폭력의 지평을 넘어》 青木書店, 2004년 수록)을 들 수 있다. 친일파로 지명된 헌병보조원에서 의병으로 변신한 상시동이라는 인물을 다루면서, 그 의적적 성격에 착안해 합병 전후 조선 민중의 심성을 실증적으로 밝혔다.

10) 책봉체제란 중국 황제가 주변 제국의 수장과 종속관계를 맺음으로써 성립하는 국제관계 시스템이다. 황제에게 관작을 부여받은 수장은 왕으로서 각 지역을 다스리는데, 이러한 국제관계 시스템의 통합 원리는 유교적 세계관에 의해 이론화된 것이다. 원칙적으로 중국 황제는 주변 제국에 내정간섭을 하지 않고, 주변국은 조공관계를 취함으로써 상대적으로 독립을 유지할 수 있었다.

11) 모기 도시오(茂木敏夫)의 《변용하는 근대 동아시아의 국제질서》(山川出版社, 1997) 참조.

12) 조경달 〈근대 조선의 소국사상〉(菅原憲二·安田浩 편 《국경을 관통하는 역사인식》 青木書店, 2002). 또 '자강'이란 민본주의적으로 내정을 유교적 교화를 전개하는 것이 침략을 막는 수단이며 군사력은 자위에 필요한 만큼의 최소한도로 충분하다는 생각이다.

13) 아시아주의는 구미적 국제질서에 대한 대항 개념으로 구축된 것인데, 아시아주의가 성립된 사상적 구조를 고려하지 않고 단순히 구미와 아시아의 헤게모니적 대항관계로 이해하면 일본의 아시아주의와 조선·중국 등의 아시아주의를 하나로 파악하기 쉽다.

14) 개화파는 18세기 이래 실학사상의 흐름을 계승해 조선의 근대적 개혁을 주도하려 한 정치 그룹이다.

15) 이용구의 합방청원운동 및 일진회의 합방청원운동과 일본 정부의 관련성에 대해서는 오가와라 히로유키의 〈일진회의 일한 합방청원운동과 한국병합-'정합방' 구상과 천황제 국가원리의 상극〉(《조선사연구회논문집》 43, 2005) 참조.

16) 후지타 쇼조(藤田省三)의 《천황제 국가의 지배원리》(未來社, 1966) 참조. 후지타에 따르면 천황제 국가의 지배원리는 가부장제에 기초한 의사공동체를 부연한 통합원리로 구축돼 있다.

한국병합 후 1945년 일본의 패전(조선 해방)에 이르기까지 일본에 대한 독립운동, 민중해방 투쟁이 지속적으로 되풀이된 것이 일본의 조선 지배 성격을 잘 나타내 준다고 할 수 있다. 조선민족해방투쟁에 대해서는 가지무라 히데키(梶村秀樹)의 《조선사》(講談社, 1977) 참조. 또 독립운동의 여러 모습에 대해서는 미국인 저널리스트 님 웨일스(Nym Wales)의 청취록인 《아리랑의 노래》(松平いを子 역, 岩波書店, 1987)가 밝힌 사실이 무엇보다 우리에게 강력하게 호소하고 있다.

4. 식민 지배는 조선을 잘살게 했나?

마쓰모토 다케노리 (松本武祝)

"당시 일본도 조선에 철도·항만을 만들고 농지를 조성하는 등 많게는 한 해에 2,000만 엔이나 지출했다."

1953년 제3차 한일회담의 일본 측 수석대표인 구보타 간이치로(久保田貫一朗, 당시 외무성 참여)의 발언이다. 1951년 한일 국교정상화를 위한 교섭이 개시됐는데, 일본 측에서 "일본은 조선에 은혜를 베풀었다"는 취지의 발언이 연이어 나와 교섭은 분규를 거듭했다. 결국 한일 국교정상화는 1965년의 '한일기본조약' 체결 때까지 미뤄졌다.

"일본의 조선 지배는 재정수지에서나 민간투자에서도 '지출'이었으며, 그 자금이 식민지 조선의 경제 개발을 촉진했다"는 주장이 오늘날에도 여전히 되풀이되고 있다.[1] 과연 일본의 식민 지배는 조선을 잘살게 했나?

이 장에서는 이 질문에 답하기 위해 식민지 조선에서 행해진 경제 개발 실태를 살펴보기로 한다.

일본 본국에서의 자금 유입 실태

식민통치 기간 일본 본국 재정에서 조선총독부 재정으로 '보충금'이라는 명목의 보조금이 지출됐다. 구보타의 "많게는 한 해에 2,000만 엔이나 지출했다"는 말은 이 보충금을 가리키는 것으로 보인다.[2] 그러나 이 보충금은 거의 전액 조선총독부와 그 부속 기관에 속한 일본인 직원들의 급여 할증지급을 위한 재원이었다.[3] 당시 일본인 직원(판임관 이상)에게는 우수한 인재를 확보한다는 명목으로 본봉의 40~60%를 할증지급했고, 이 외에도 '벽지수당' '조선어수당' '숙사료' 등의 수당을 지급했다.

구보타의 발언은 보충금이 인프라 정비에 투자됐음을 시사한다. 그러나 재정제도에 관한 설명으로는 꼭 옳은 기술은 아니다.

덧붙여 일본 본국에서 유입된 자금 총액 중 보충금이 어느 정도 규모였는가를 밝혀두고 싶다. 최근의 연구에 따르면[4] 식민통치 시기 전반인 1910~20년대에는 민간부문의 자금유입 규모가 작았기 때문에 재정·민간을 합한 유입자금 총액에서 차지하는 보충금의 비율은 16%를 차지했다.

그림1
《만화 혐한류》 217쪽

1930년대 들어 민간부문의 자금유입이 증가하면서 일본에서의 총 자금 유입액(연평균)은 1921~31년 8,000만 엔이었던 데 비해 1932~37년 1억5,000만 엔, 1938~41년 4억3,000만 엔, 그리고 1942~44년 13억 2,000만 엔으로 급증했다. 이에 따라 보충금이 차지하는 비율은 급격하게 저하해 1942~44년 평균 2.3%에 머물렀다.

그런데 자금유입뿐만 아니라 조선에서 일본 국내로의 자금 유출액(연평균)도 1921~31년 2,000만 엔, 1932~37년 7,000만 엔, 1938~41년 1억8,000만 엔, 그리고 1942~44년 14억2,000만 엔으로 급증했다. 특히 1942~44년에는 유출액이 유입액을 웃돌았다. 1940년대에는 전시체제에서 자금 통제가 강화되고 농민의 공출 곡물에 대한 지불금의 일부를 공제해 예금시키는 등 '강제저축' 정책이 실시됐다. 이들 정책에 의해 흡수된 조선 내의 자금이 채권 인수 등을 통해 일본 국내로 유출된 것이다.

또 이상의 자금 유출입액에는 배당금이나 해운·보험수입 등의 서비스수지는 포함되지 않았다. 그것을 더하면 조선으로부터의 자금 유출액은 훨씬 늘어날 것으로 보인다.[5]

확실히 식민통치 초기 단계의 자금수지는 '지출' 상태였던 것을 부정할 수 없다. 그러나 '한국병합조약'은 '완전하고 영구적' 병합을 노래했기 때문에 조선총독부는 물론 당시의 민간투자가도 조선에 대한 식민지배는 '영구'히 계속될 것으로 믿었다.

그러나 앞서 말한 바와 같이 1940년대에 벌써 '지출' 상태는 해소되고 있었다. 초기 단계의 자금 '지출'을 놓고 "은혜를 베풀었다"고 하는 것은 확실히 너무 일면적이다.

인프라 개발 과정의 특질

다시 글머리 구보타의 발언으로 돌아가 보자. 조선총독부가 철도·항만이나 농지 조성 등 인프라 정비에 힘썼다는 것이 자주 강조된다. 그중 철도는 '병합' 시점에 이미 조선반도를 종단하는 간선철도가 거의 완성 단계였다. 청일전쟁과 러일전쟁을 통해 일본은 구미 열강을 물리치고 조선의 철도 부설권 독점에 성공했다. 특히 러일전쟁에 즈음해서는 군사적 목적을 위해 단기간에 간선철도를 완성했다. 당시 조선인의 토지와 가옥을 강제수용하고 노동력도 징발했다. 조선 민중은 '근대'의 상징이라고도 할 수 있는 철도와의 '불행한 만남'을 강요받았던 것이다.[6]

무엇보다 일본은 '만주'와 일본을 연결해 군수품과 일반 상품을 원활하게 수송하는 역할을 조선 철도가 해주기를 강력하게 바랐다. 때문에 러일전쟁 시기에 완성된 조선반도를 남북으로 종단하는 간선철도체계는 더욱 개량되고 보강됐다. 대조적으로 조선 내에서의 지방 여객 수송 능력은 낮은 수준에 머물러 있었다. 조선인의 일상생활에서 조선철도는 사용하기 편한 교통수단이 되지 못했던 것이다.[7]

인프라 정비에 의한 경제 개발의 또 하나의 사례로 관개용 저수지 건설이 있다. 조선 농촌에서는 전통 기술에 의한 소규모 수리시설이 구축돼 상·하류 간 관행적 용수 배분이 이루어지고 있었다. 1920년대가 되면 일본 국내의 쌀 부족을 해결하기 위해 조선에서 '산미증식계획'이 실시되고, 이에 따라 각지에 관개를 위한 저수지가 만들어졌다. 저수지 축조로 자신의 시설이 기능을 잃고 수리에 관한 관행도 변경하지 않을 수 없게 된 지주와 농민들은 신규 저수지 축조 반대운동을 자주 전개했

다. 그러나 일본인 지주[8]와 총독부가 강력하게 사업을 추진해 근대적 저수지가 차례로 만들어졌다.[9]

또 1920년대 후반 이후 조선 북부에서는 국책으로 거대 댐이 건설돼 이를 기반으로 중화학공업지대가 형성됐다. 1937년에는 당시로는 세계 유수의 규모였던 수풍댐 건설도 시작됐다. 이 거대 댐 건설로 약 1만 5,000동의 가옥이 수몰됐다. 일본 행정당국은 좌담회 등을 통해 수몰지 주민의 불만을 무마하면서 다른 한편으로는 경찰의 단속을 강화해 반대 운동을 미연에 억제했다. 토지 매수에는 경찰이 동원됐다. 생활 기반을 잃은 수몰지 주민 일부는 '개척민'으로서 만주로 보내졌다.[10]

철도·댐 등 대규모 인프라 개발 사업을 '민주적'으로 추진하고자 하면 여러 이해관계자의 합의를 얻기 위해 막대한 시간과 자금을 들이지 않으면 안 된다. 그런데 강권적 식민 지배 아래에서는 그러한 비용을 들일 필요가 없어, 식민지 권력은 자유롭게 경제 개발을 실시할 수 있었다. 덕분에 경제 개발은 '순조롭게' 진행될 수 있었다. 그러나 그 이면에는 자신들의 의지에 반해 노동력을 징발당하고 생산과 생활 기반을 빼앗겨 오랫동안 살던 토지를 떠날 수밖에 없었던 수많은 조선인이 있었다.

조선인의 취업구조와 소득수준의 변화

1910년대 조선의 중심 산업은 농업이었다. 그러나 그 후 공업생산액이 급속도로 증대해 1940년에는 농업생산액과 비슷해졌다. 공업부문의 급성장은 식민지 조선 경제의 변화를 가장 잘 특징짓는다. 앞서 서술한 재정 · 민간부문의 투자가 이 변화를 촉진한 요인이 된 것은 말할 필요도 없다.

다만 이러한 산업구조의 '고도화'에도 조선인의 취업구조는 큰 변화를 보이지 않았다. 조선인 취업자 가운데 농업종사자 비율은 1930년 81%였으며, 1940년에도 여전히 74%를 차지했다. 조선에 진출한 대규모 공장은 대부분 시설투자에 중점을 둔 자본집약적 산업이어서 생산액 증대 속도에 비해 고용 기회 확대 속도는 낮았다. 게다가 대규모 공장 경영과 기술 관리는 주로 조선에 거주하는 일본인 기술자나 화이트칼라 층이 맡았다. 대부분의 조선인은 농업부문에 머무르거나 영세 기업의 비숙련 노동에 취업할 수밖에 없었다. 때문에 노동환경은 열악했고 임금도 낮았지만 그나마 그런 기회조차 얼마 되지 않았다.[11]

조선 농민은 부업으로 직포 등의 가내공업에 종사했는데 자급적 성격에 머물러 농촌에서 취업 기회를 확대할 정도의 힘은 없었다. 다른 한편으로 농업인구는 식민통치 기간 증가 추세에 있었다. 그 결과 농촌에서는 인구 과잉으로 농민들 사이에 차지를 둘러싸고 경쟁이 격화돼 지주에 대한 소작농의 교섭력이 떨어졌다. 때문에 소작료는 높은 수준에서

그림2
토막민의 가옥

떨어질 줄 몰랐다. 총독부의 산미증산계획과 함께 비료 구입비가 증가해 부담이 부가됐다.

빈궁한 농민들은 상대적으로 고가인 쌀을 팔아 만주에서 수입한 잡곡류를 구입하는 방식으로 생존을 꾀했다.[12] 때문에 시장에 나도는 쌀이 생산량 증가 속도를 웃돌아 쌀값을 더욱 떨어뜨리는 악순환을 초래했다. 쌀값이 떨어지자 자작농의 경영까지 불안정해졌다. 식민통치 기간 내내 자작농은 감소 추세였으며 소작지 면적은 계속 늘어났다.

농촌에서 생활할 수단을 잃은 수백만 명에 이르는 영세 농민은 취업의 기회를 찾아 일본이나 만주로 건너갔다. 또 일부는 깊은 산으로 들어가 화전민이 됐다.[13] 그 밖의 사람들은 혹은 '경성'(지금의 서울)으로 유입돼 도시의 잡역부가 됐다. 경성의 인구는 급증해 1940년대에는 100만 명을 넘었는데, 그런 경성 시가 주변부에는 조잡한 가옥을 세워 거주하면서 일용단순노동에 종사하는 도시빈민의 집락이 형성됐다.[14]

대부분의 조선인은 노동자나 농민으로서 생산노동에 직접 종사함으로써 식민지 경제 발전에 공헌했다고 할 수 있다. 그럼에도 그들의 생활수준은 더욱 떨어졌고, 나아가 얼마 되지 않는 자산마저 잃는 등 경제 발전의 혜택은 거의 받지 못했다.

경제 발전의 귀결

경성에는 식민지 조선이 실현한 '풍요로움'을 상징하듯 백화점·카페·영화관 등이 줄지어 들어서면서 제국의 수도였던 도쿄와 같은 소비문화가 꽃피었다. 다만 그것을 향유한 것은 조선에 거주하는 일본인 자산가와 경영자 혹은 화이트칼라 층이었으며, 일부 자산가와 지식인을 제외한 대부분의 조선인은 그로부터 소외됐다.[15] 이처럼 조선인 취업자의 대부분을 차지하던 농민들은 생활수준을 유지하는 것조차 뜻대로 되지 않는 상황에 처해 어쩔 수 없이 고향을 떠날 수밖에 없는 경우도 많았던 것이다.

경성의 소비문화 성립과 조선 민중의 궁핍이라는 두 가지 현상은 외견상으로는 대조적이지만 제국 일본의 경제 발전의 귀결이라는 점에서는 공통된 것이었다. 양자는 바로 동전의 양면, 이른바 빛과 그림자로 이해하지 않으면 안 된다. 글머리의 구보타의 발언을 비롯해 '지출' 론이 높이 평가되는, 일본으로부터 조선으로의 자금·기술 도입 행위야말로 실은 이 빛과 그림자의 대조를 더욱 선명하게 하는 요인이었던 것이다.

▶ 주

1) 《새로운 역사 교과서》(扶桑社, 2001)에는 "한국병합 후 일본은 식민지 조선에 철도·관개시설을 정비하는 등 개발을 시행하고 토지조사를 개시했다"고 구보타 발언과 유사한 기술이 실려 있다(시판본 240쪽). 또 《만화 혐한류》 제8화 217쪽에는 "(조선인) 스스로의 손으로는 불가능했던 근대화를 일본의 자금과 기술, 일본인의 피와 땀으로 이룩할 수 있었으므로"라는 대사가 나온다.(그림1)

2) 보충금 지출의 최대액은 1926년의 1,976만 엔이다. 水田直昌 감수 《총독부시대의 재정》(友邦시리즈 제19호, 友邦協会, 1974) 160쪽 참조.

3) 미즈타 나오마사·쓰치야 다카오(土屋喬雄) 편술 《조선재정금융사담-재정·금융정책으로 본 조선 통치와 그 종국》友邦協会, 1962) 14~15쪽 참조. 또 보충금의 약 95%가 이 수당을 위한 지출이었다(앞의 책 《총독부시대의 재정》 160쪽 참조).

4) 김락년 《일본제국주의 하의 조선경제》(東京大学出版会) 2002년부터 산출.

5) 1939년에는 서비스 수지가 8,000만 엔 지출초과였다(김락년, 앞의 책, 65쪽 참조).

6) 고성봉 《식민지 철도와 민중생활》(法政大学出版局, 1999) 12쪽 참조.

7) 1936년 통계에 따르면 1인 평균 승차 거리는 일본이 115km인데 비해 조선은 60km였다(고성봉 앞의 책, 52쪽). 조선에서는 철도의 단거리 이용이 많지 않았다. 조선인이 일상생활에서 철도를 그다지 이용하지 않았던 것을 시사한다.

8) 러일전쟁 무렵부터 일본인의 조선 토지 구입이 본격화해 소유 경작지 면적이 1,000정보를 넘는 대지주가 다수 나타났다.

9) 마쓰모토 다케노리 《식민지기 조선의 수리조합사업》(未来社, 1991) 참조. 관개 댐 수익지 소유자에게는 사업비 상환을 위한 수리비가 부과됐다.

10) 히로세 데이조(広瀬貞三)의 〈수풍발전소 건설에 의한 수몰지 문제-조선 측을 중심으로〉(《조선학보》 제139호, 1991) 참조.

11) 1928년 통계에 따르면 조선인 '평 인부'의 일급이 90전인 데 비해 일본인의 일급은 약 2배인 1엔75전이었다(《조선총독부 통계연보》 조선총독부, 1930). 또 같은 해 조선인 '보통 인부'의 일급은 80전이었으며, 그 가계는 월 2~3엔 적자였다(허수열 《개발 없는 개발》 은행나무, 2005, 286쪽 참조).

12) 조선인 1인당 쌀 소비량은 1919~21년 평균 0.68석이었던 것이 1923~36년 0.4석 전후로 떨어졌다(《조선미곡요람》 조선총독부 농림국, 1940).

13) 조선에서는 화전 농민을 화전민이라고 불렀다. 국유림에서의 화전은 불법이었기 때문에 종종 단속 대상이 됐다. 화전민은 1927년 2만9,000가구에서 1933년 8만2,000가구로 늘어났다. 그 후 단속이 강화되자 감소하기 시작했다(《조선총독부 통계연보》 각년판).

14) 이들 빈민을 '토막민'이라고 불렀다. 1940년 조사에 따르면 경성의 토막민은 약 3만6,000명에 이르렀다(국민총력 경성제국대학연맹 위생조사부 편 《토막민의 생활·위생》 岩波書店, 1942, 64쪽).

15) 기무라 미쓰히코(木村光彦)의 추계에 따르면 조선 거주 일본인의 1인당 소득수준(1930)은 조선인의 약 10배에 달했다(M. Kimura "Standards of living in Colonial Korea : Did the Masses Become

Worse Off or Better Off Under Japanese Rule?" in 《The Journal of Economic History》 (Sept. 1993, p.632). 인구 대비 2.5% 정도의 일본인이 '국내' 총 소득의 20% 이상 차지했던 셈이다.

5. 일본인과 조선인은 평등했나?

이 타 가 키   류 타 (板垣竜太)

'평등' 이라는 이름의 '동화'

 차별보다 평등이 좋은 것은 당연하다. 그러나 일본의 조선 지배 역사를 돌이켜보면 어떤 의미에서 '평등'이었나 하는 의문이 생긴다.

 식민통치 시기 조선에서 사용된 '일시동인(一視同仁)' '내선일체(內鮮一体)' 등의 슬로건은 어떤 의미에서는 '평등'을 지향하는 개념이라고 할 수 있다. 다만 그것은 어디까지나 천황이 정점에 있고 일본인이 중심에 있는 질서 아래 '충량한 국민'(1911년 제정된 '조선교육령'에 나온 말)으로서 일본인에 가까워진다는 의미에서의 '평등'이었다. 그것은 '동화'라고도 부를 수 있다.[1]

 이를 나름대로 정리하자면, 예를 들어 《만화 혐한류》에서 주장하듯 "조선은 식민지가 아니라 일본국 그 자체였다"(192쪽)든가, 황민화정책이 "차별과는 대극에 있는 정책"(223쪽)이라는 논의가 될 것이다.

배제와 포섭

그러나 여기에는 적어도 두 개의 큰 문제가 있다. 하나는 조선인에게 일본인과 동등한 권리를 부여하는 '평등'은 마지막까지 실현되지 않았다는 것이다. 또 하나는 전 시기의 황민화정책은 일본의 조선 통치를 정당화하려는 사람들조차 "도를 지나친 동화정책"이라고 비판할 정도로 일본인 본위의 강제적인 것이었다는 점이다.[2)]

즉, '동화'이기 때문에 '좋다' 거나 '나쁘다' 는 조잡한 논의가 아니라, 배제와 포섭이 어떻게 서로 연관돼 식민지 지배구조를 형성했는가 하는 점을 사실을 근거로 검토할 필요가 있다.

차별과 배제의 전제는 구별이다. 구별은 지역과 사람을 단위로 했다. 현재 일본에 해당하는 지역이 '내지'이며, 남북한에 해당하는 지역을 '조선'이라고 불렀다.

조선에서는 제국의회에서 정한 법률이 자동으로 시행되지 않고 조선총독이 '제령(制令)'이라는 독자적 법의 발포권을 갖는 등 제국의 '이법

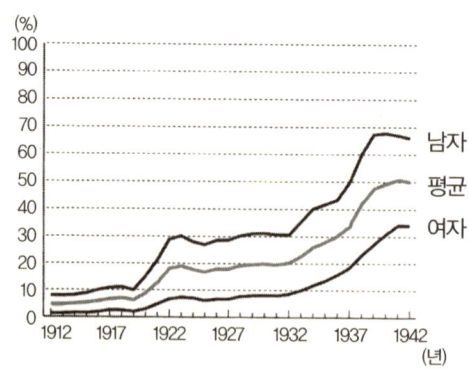

그림1
조선인 남녀별 취학률 추이

영역(異法領域)'이었다. 다음으로 사람의 측면에서 구별하는 기초가 되는 제도는 호적이었다. '내지'가 본적이면 '내지인'(이 장에서 말하는 일본인), 조선이 본적이면 '조선인'이다. '조선인'이 '내지인'이 되거나 그 반대는 원칙적으로 불가능했다.[3] 내지와 조선을 지역적으로 구분하는 방식을 속지주의라고 하고, 내지인과 조선인처럼 사람으로 구분하는 방식을 속인주의라고 한다. 차별은 이 속지주의와 속인주의를 혼합함으로써 완성됐다.

교육에서의 차별

우선 교육 측면에서 의무교육은 제도상으로 속지주의를 적용해 조선에서는 마지막까지 시행하지 않았다. 사실 조선인 학령아동의 취학률은 1940년대 들어서도 절반 정도였으며, 여자만 놓고 보면 더 낮았다.[4]

그렇다면 재조선 일본인도 취학률이 낮았을까? 그렇지 않다. 일본인이 입학하는 심상소학교는 조선인이 입학하는 보통학교와 구별돼 거의 100%의 취학률을 달성했다. 반대로 '내지'에 사는 조선인은 의무교육 대상이었지만 철저하게 실시되지는 않았다. 즉, 제도적으로는 속지주의였지만 일본인은 완전취학, 조선인 대부분은 미취학이라는 속인적 상황이 벌어졌다.

한편 일단 보통학교에 들어가면 그곳은 '충량한 국민'을 키우는 일본어의 세계였다. 게다가 교육 내용은 '실용' 중시로, 중등 이상의 상급학교 진학이 억제돼 일본인학교와 동등하지 않았다.[5]

정치·행정 면에서의 차별

　다음은 정치 참여의 측면을 보자. 전전(戰前)의 참정권은 속지주의를 따랐기 때문에 중의원선거법이 조선에서 시행된 적은 없다. 따라서 조선인은 물론 일본인도 조선에 거주하는 한 참정권이 없었다.[6] 조선에 식민지의회가 설치된 것도 아니었다. 도·부·읍 같은 단위에서는 1930년 의결기관이 설치됐는데, 발안권도 없었고 보통선거도 아니었다. 또 조선총독부의 우두머리인 총독과 정무총감은 물론 고등관·판임관의 압도적 다수를 일본인이 장악했다. 지방청에는 병합 전부터 일본인 관료가 진출해 점차 조선인을 웃돌게 됐다. 예를 들면 1935년 관리(국비 지급 직원)의 민족별 비율을 나타낸 표를 보면 윗자리에 가까울수록 조선인의 비율이 격감한다는 것이 일목요연하게 드러난다.[7] 또 같은 공무원이라고 해도 일본인에게는 본봉의 40~60%를 더 주는 소위 외지수당(재근가봉·在勤加俸)이 있어 조선인과는 확실한 급여 차이가 있었다(이는 민간에서의 임금차별을 조장했다). 이처럼 정치·행정 면에서의 기본적 의사

〈표〉 조선총독부·지방청의 관리 수(1935년)

		일본인	조선인	조선인 비율(%)
총독부	고 등 관	149	6	3.9
	판 임 관	613	46	7.0
	촉탁 및 고원	864	402	31.8
지방청	고 등 관	239	226	48.6
	판 임 관	12,208	8,372	40.7
	촉탁 및 고원	628	1,587	71.6
	합계	14,701	10,639	42.0

(자료) 《조선총독부 통계연보》 1935년판
(비고) 고등관·판임관은 대우관리를 포함.

결정은 일본인이 독점해 명백한 서열구조가 형성돼 있었다.

'민도'의 논리

그 밖에 조선인이 '내지'로 도항할 때는 제한을 가하고[8], 집회·결사·출판 등도 조선인은 일본인과는 다른 법령에 근거해 엄격하게 단속됐다.[9]

이러한 차별과 격차에는 종종 '민도' 논리에 따른 이유를 붙였다. '민도'가 더 높아지면 일본인과 동등한 권리를 부여하겠다면서 차별과 격차의 해결을 미뤘던 것이다.

예를 들면 병합 '25주년'에 해당하는 1935년 연초 우가키 가즈시게(宇垣一成) 총독은 훈시에서, 우선 금후 약 10년 안에 "궁핍을 청산"하고 "심적으로도 갱생"시킨다. 그 후 약 10년 안에 그 '진전 충실'을 꾀하고, 다음 약 10년 안에 "의무와 권리의 관계까지 완전히 정비한다. 이렇게 함으로써 민력의 충실, 민도의 향상, 자치의 확립을 기해 명실 공히 내선평등, 참된 황국신민으로서의 완전한 지위를 향유"하게 한다는 아득할 정도의 장기 전망을 내놨다.[10] 경제적·정신적으로 더 '갱생'하면 언젠가는 '황국신민'으로서 평등하게 권리와 의무를 부여하겠으니 그때까지 힘내라는 것이었다.

이 말에는 '황국신민'이 될 것인가, 차별 상황에 만족할 것인가의 양자택일을 강요하는 논리가 들어 있다. 그 척도로 등장하는 개념은 '민도'다. 게다가 그 잣대를 쥔 쪽은 어디까지나 조선 총독을 비롯한 일본 측이다. 여기에 일본의 식민주의와 민족차별의 기본 구조가 있다.

일본인과 조선인

그러면 이러한 상황에서 재조선 일본인과 조선인의 관계는 어떠했나? 《만화 혐한류》(228쪽)에 의하면 "일본인과 조선인이 손을 맞잡고 조선반도에서 살던 날들"이 '한일우호'의 '이상형'이라고 한다. 이것은 거의 망상이다.

예를 들면 '손을 맞잡고' 풍요롭게 한 사례로 든 흥남의 공업지대에서는 "조선인이 죽어도 바람이 분 것만큼도 느끼지 못하는" 상황에서 일본인과 조선인 사이에 지배관계가 성립돼 있었다.[11] 또 일본인의 입버릇 중 하나는 "조선인 주제에"였다고 한다.[12] 물론 이런 상황에서도 우정·연애·사제애·동지애 같은 친밀한 관계가(타산적 관계도 포함해) 존재했다는 점을 부정하는 것은 아니다. 그러나 그 사이에 깊은 골이 있었던 것은 말할 필요도 없다.

오늘날 '우호'란 무엇인가를 생각할 때도 이러한 역사는 중요하다. 골을 단숨에 뛰어넘어 "손을 맞잡는" 것이 아니라, 우선 골의 존재를 인식하고 그것을 역사화해 극복해 가는 것이야말로 다름 아닌 '우호'의 출발점이다.

▶ 주

1) '동화'라는 개념은 매우 모호해서 그 자체가 분석의 대상이 돼야 한다. 고마고메 다케시(駒込武) 《식민지제국 일본의 문화통합》(岩波書店, 1996)을 참조할 것.

2) 스즈키 다케오(鈴木武雄) 〈조선 통치의 성격과 실적〉(대장성 관리국, 《일본인의 해외활동에 관한 역사적 조사》 통권 제11책 조선편 제10분책, 6쪽)에서 인용.

3) 다만 일본인과 조선인의 혼인(이른바 '내선결혼') 및 양자 결연을 맺은 경우에는 다른 지역 간 호적 이동이 가능했다. 이 제도는 창씨개명 정책 시행 이후에도 변하지 않았고, 일본이 패전할 때까지 존속됐다. 더 말하자면 전후까지 이어졌다. '호적법'의 적용 여부로 재일 조선인을 일본인과 구별해 '국민'의 권리에서 배제했다.

4) 식민지기 조선에서는 의무교육제도가 시행되지 않았다. 때문에 '학령아동'의 인구통계가 잡혀 있지 않아 취학률은 국세조사 등을 근거로 추계할 수밖에 없다. 그림1은 조선인 남녀별 공립학교 취학률 추계치다(그래프가 오른쪽으로 올라간다는 것보다 꺾인 선 위의 공백, 즉 미취학자가 많다는 것에 주목할 것). 취학률 계산법은 몇 가지 있는데 여기에서는 입학률(제1학년 취학자 수 ÷ 6세 인구)을 채택했다. 계산법의 문제를 포함해 식민지 교육에서의 민족·계급·젠더 각 측면에서의 격차와 그 요인에 대해서는 김부자의 《식민지기 조선의 교육과 젠더》(世織書房, 2005)가 상세하다.

5) 중등교육으로의 진학 억제, '실용' 중시 교육 등에 대해서는 오성철의 《식민지 초등교육의 형성》 (서울, 교육과학사, 2000)이 상세하다. 또 조선에는 일본에는 없던 4년제 초등학교(졸업해도 중등학교에는 진학할 수 없다)가 도입돼 있었던 것을 부기해 둔다.

6) 재일 조선인은 참정권으로부터 배제되지 않았는데, 그 실정은 복잡하다. 마쓰다 도시히코(松田利彦)의 《전전기의 재일 조선인과 참정권》(明石書店, 1995) 참조. 또 1945년 중의원선거법이 개정돼 조선·대만에도 의원정수가 정해졌는데 납세 요건을 가진 제한선거였고, 인구비로 보아도 '내지'와 격차가 있었으며, 시행령도 만들지 않았다. 岡本眞希子의 〈아시아–태평양전쟁 말기의 조선인·대만인 참정권 문제〉(《일본사연구》 401호, 1996) 등을 참조할 것.

7) 자세한 것은 〈조선총독부–조직과 사람〉(学習院大学 동양문화연구소 《동양문화연구》 세4호, 2002)을 참조할 것.

8) 조선인의 '내지' 도항 제한은 도항이 증가하기 시작한 1920년대부터 도입됐다. 자세한 것은 이 책 10장 '조선인은 전쟁 전 어떻게 일본에 건너왔고 또 어떻게 생활해 왔나?'의 주 9)를 참조할 것. 반면 병합 후 일본인의 조선 도항에는 특별한 제한이 없어 재일 조선인이 재조선 일본인을 상회한 것은 1930년대 후반의 일이다.

9) 집회·결사·출판 모두 보호국 시기 조선인과 일본인에게 별도로 적용됐던 법률이 병합 후에도 효력을 유지해 제도적 격차가 생기게 되었다. 즉, 조선인에게는 '보안법'(1907) '신문지법'(1907) '출판법'(1909)이, 일본인에게는 '보안규칙'(1906) '신문지규칙'(1908) '출판규칙'(1910)이 각각 적용됐다. '안녕질서'를 위해 집회·결사 등을 제한한 보안법은 보안규칙에 비해 제한 내용과 벌칙 규정이 엄격했다.

10) 〈도지사회의에서의 총독 훈시〉(《조선총독부관보》 1935년 1월 12일)에서 인용.

11) 오카자키 다쓰메이(岡崎達明)·마쓰자키 쓰기오(松崎次夫) 편 《문서 水俣民衆史 5 식민지는 천국이었다》(草風館, 1990) 127쪽.

12) 다카사키 소지(高崎宗司)의 《식민지 조선의 일본인》(岩波新書, 2002) 129쪽.

6. 일본인은 한글을 보급했나?

미쓰이 다카시 (三ツ井崇)

한글은 조선어를 표기하는 문자다. '한글이 보급된다' 는 것은 단순히 문자 자체의 보급을 의미하는 것이 아니라, 한글로 표시되는 조선어가 교육이나 미디어의 힘에 의해 사회에 정착돼 가는 것을 의미한다. 말이 형성되는 과정에서는 표기법과 문법의 정리, '표준어' 확정, 사전 편찬 등이 시도된다(=말의 근대화)[1]. 이렇게 하여 만들어진 조선어를 통해 여러 정보와 지식이 전달될 때 비로소 한글이 보급됐다고 볼 수 있다.

그런데 최근 한글이 일본(인)에 의해 널리 보급됐다는 주장이 자주 등장한다.[2] 이 같은 견해는 1960년대부터 전 조선총독부 관료 등이 주장했던 것이어서[3] 결코 새로운 것은 아니다. 오히려 최근 들어 이러한 주장이 부활했다는 것이 식민지 지배에 대한 평가와 관련한 사항으로, 간과할 수 없는 현상임을 새삼스레 통감한다.

이 글에서는 이 문제에 대해 세 가지 관점에서 생각해 보기로 한다. 첫째는 한글을 보급하는 장으로서의 조선어 교육의 성격, 둘째는 한글을 보급하는 전제조건으로써 조선어의 근대화 문제, 셋째는 조선어 교육의 이면에서 행해진 일본어 교육의 성격이다.

조선어 교육이라는 장

한글이 급속도로 보급된 것은 조선총독부가 주관한 교육제도에서 조선어를 필수과목으로 취급했기 때문이라는 견해가 있다. 그렇다면 식민통치 이전에는 그런 시도가 전혀 없었을까? 1894년 조선 정부에 의한 근대화정책(갑오개혁)의 일환으로 교육제도의 개혁이 행해졌다. 대한제국기(1897~1910)에도 초등교육기관(소학교, 후의 보통학교)에서 한글을 교육했으며 교과서도 복수 편찬됐다. 이러한 역사적 경위는 언급하지 않고 한글 교육의 기점을 식민통치 시기에서 구하는 것은 문제가 있는 논법이다.[4]

1910년대 이후부터 1938년까지는 확실히 조선어(처음에는 '조선어 및 한문')가 필수과목이었다. 그러나 당시 교원 경험자의 눈으로 보면 당국의 조선어 교육에 임하는 자세는 '의붓자식 취급, 아니 아무래도 상관없다는 식'[5]의 매우 불만스러운 것이어서 종종 비판받을 정도였다.

당시의 교육제도는 총독부 주도의 보통학교를 확충하는 것이었으며, 보통학교에 다니는 아동은 증가 추세였다. 그러나 규모는 작지만 보통학교 인가를 받지 못한 사립 교육기관('강습회' '야학' 등으로 불렸다)이나 '서당'이라고 불리는 재래식 초등교육기관도 많아 총독부는 이들 학교에 대한 통제를 강화해 나갔다.[6]

한글 보급이 민족의 '부흥'으로 이어진다고 생각한 조선인 연구자·교육자들은 조선인 아동·학생에 대한 조선어 교육의 필요성을 강하게 인식했기 때문에, 최선의 선택은 아니었지만 이러한 교육기관의 역할에 주목했다. 총독부에 대한 앞에서와 같은 비판도 이러한 문맥에서 파악할 필요가 있다.

조선어의 근대화를 둘러싼 갈등

당시 교육행정을 관장했던 총독부 학무국은 조선어 교과서를 편찬하고 그 표기 지침으로 '언문철자법'('언문'은 한글을 가리킨다)을 책정, 개정했다(1912년, 1921년, 1930년). 그러나 초기(1912년, 1921년)의 '언문철자법'은 조선어 어용신문(매일신보)이나 관보 등의 표기법과도 달라 현장 교원들의 지지를 받지 못했으며, 한글을 보급하기에는 턱없이 부족했다.

3·1독립운동(1919)이 일어나고 1920년대 들어서는 전과 달리 조선인에 의한 언론활동의 기회가 확대돼[7] 조선어 출판물이 늘고 조선어 연구도 추진됐다. 이에 따라 현행 '언문철자법'은 내용이 불충분하다는 것이 한층 명확해졌다. 그리하여 1930년에야 비로소 조선인 연구자·교육자의 의견을 반영한 형태로 개정됐던 것이다.[8]

글머리에서도 언급한 바와 같이 말의 근대화란 표기법과 '표준어'의 징비부디 문법 정리, 사전 편찬에 이르기까지의 일련의 과정을 가리킨다. 이 점(앞에서 말한 '언문철자법'도 포함해)에 대해 일본인 연구자나 조선총독부의 '공헌'을 강조하는 의견이 있는데, 과연 그럴까? 조금 더 생각해 보자.

당시 일본인 연구자는 조선어의 역사적 연구에만 관심이 있었기 때문에 조선인이 집착했던 것과 달리 근대화에는 열의가 없었다. 조선총독부가 편찬한 《조선어사전》도 자주 언급하지만, 이 역시 현대어보다 역사적인 한자어를 많이 수록한 것에서도 알 수 있듯 근대화와 직접적 관계가 없었다. 《조선어사전》은 오히려 조선의 '습관제도조사(=구관제도조사사업)'의 일환으로 편찬한 것이었다.[9] 비록 학무국이 '언문철자법'을 책정했지만 그것은 조선어에 대한 관리를 강화하기 위해 조선인을 동원하려는 총독부의 의도와, 조선인 연구자·교육자들의 조선어 교육에 대한 강한 열의가 빚은 '동상이몽'의 산물이었다.[10]

일본어 보급 정책과 조선어의 지위

그런 한편 총독부 언어정책의 근간은 일본어 보급이었다는 것을 잊어서는 안 된다. 총독부는 보통학교 확충에 따라 '국민(=일본인)정신'을 '함양'하기 위해 일본어를 필수과목으로 정했다. 학교에서 가르치는 언어는 원칙적으로 일본어였으며, 때로는 조선어를 쓰는 학생을 벌함으로써 일본어 사용을 철저하게 강요했다. 또 학교 밖에서도 공문서를 일본어로 쓰는 것은 물론 출판물·방송·간판·광고 등 모든 매체에 일본어를 사용해 일상생활에서도 일본어 지식이 필요하도록 분위기를 조장했다.

이러한 경향은 중일전쟁 개전(1937) 후 더욱 심해졌다. 총독부는 조선인을 병력자원으로 활용할 필요가 생기자 체제에 순응하는 인재를 양성하기 위해 조선인을 정신에서부터 일본인화하려고 했다(=황민화). 그리고 그 도구로 일본어가 등장해 1938년에는 조선교육령을 개정했다. 그 이후 '내지'와 '조선'으로 나뉘었던 학교체계가 일원화돼 조선인을 대상으로 하던 보통학교는 소학교(1941년 이후는 '국민학교')로 통합됐는데, 그것은 다름 아닌 '황민화'의 의지에 기초한 것이었다. 징병제도 도입 결정(1942년 5월) 이후에는 '국어 전해' 혹은 '국어 상용'을 주장하는 운동을 조선 각지에서 전개하고, 일본어를 상용하는 가정을 '국어의 집'으로 현창하는 등 노골적으로 일본어 침투를 꾀했다.

이에 따라 조선어의 지위는 전락해 갔다. 조선교육령이 개정되자마자 조선어는 필수과목에서 쫓겨나 간신히 '수의과목'으로 남게 됐다.[11] 이와 병행해 조선어에 의한 미디어에도 탄압의 손길이 가해져 1940년에는 《동아일보》와 《조선일보》가 강제 폐간됐다.[12] 조선어의 근대화에 매달리던 조선어학회가 치안유지법 위반으로 탄압받은 것도 1942년의 일이었다.

물론 일본이 조선어를 '말살'했는가 하면 꼭 그렇다고 잘라 말할 수 없는 면이 있다. 오히려 시대의 국면마다 조선어의 존재를 이용해 조선인을 지배에 동조하도록 동원했다고 하는 것이 정확할 것이다. 그러나 조선인이 조선어 교육과 조선어의 근대화에 착수하기 위해서는 항상 총독부의 규제를 의식하면서 총독부에 의해 준비된 한정된 장을 이용할 수밖에 없었다. 게다가 그 배경에는 일본어 보급이라는 총독부의 확고한 정책이 있었기 때문에 최종적으로는 일본어 보급으로 수렴되도록 돼 있었다는 것을 확실히 알아둘 필요가 있다. 이러한 사실을 전제하지 않고 일본(인)의 '공적'만 강조하며 '말살'은 아니었다고 주장한다면 사태의 본질을 얼버무리는 터무니없는 논의일 것이다. 지배하는 측과 지배당하는 측의 의식과 행동을 복합적으로 파악해야만 한글 보급 문제에 대한 의미 부여가 가능할 것이다.[13]

주

1) 근대국가 형성에 말의 근대화가 미치는 역할에 대해서는 다나카 가쓰히코(田中克彦)의 《언어의 사상-국가와 민족의 말》(일본방송출판협회, 1975) 참조.

2) 니시오 간지(西尾幹二)는 《국민의 역사》(산케이신문 뉴스 서비스, 扶桑社, 1999)에서 다음과 같은 견해를 밝혔다. "지금 한국이 채용한 문자인 한글은 15세기에 만들어진 인공어인데, 그때까지 한자와 한문을 정서로 하는 양반(귀족계급)으로부터 멸시받아 상대도 하지 않던 문자였기 때문에 실용화에 이르지 못했다. 일본 총독부시대에 처음으로 한글을 보급해 소학교 교육에 도입했다는 사실을 지금의 한국 사람들은 얼마나 알고 있을까?" 조선총독부 외에도 한글을 보급한 일본인으로 후쿠자와 유키치(福沢諭吉)와 그 문하생인 이노우에 가쿠고로(井上角五朗) 및 일본인 연구자를 드는 논자도 있는데, 어느 경우나 니시오의 견해와 거의 일치한다.

3) 《일본통치하 조선에서의 조선어교육》(萩原彦三, 友邦協会, 1966).

4) 이에 덧붙여 일본의 한국병합 직전 전국에 2,000개 이상 개설돼 있던 사립학교가 1910년대에는 사립학교령 등에 의해 반 이상 강제 폐쇄된 것도 명기해둘 필요가 있을 것이다.

5) 이완응 〈조선의 학정당국은 왜 조선어과를 도외시하는가〉《조선 및 조선민족》 제1집, 1927).

6) 교육기관의 수와 취학률에 관해서는 후루카와 노리코(古川宣子)의 〈식민지기 조선에서의 초등교육 취학상황의 분석을 중심으로〉《일본사연구》 제370호, 1993)를 참조할 것.

7) 이에 따라 출판물·라디오 등의 조선어 미디어가 확충됐는데, 출판·집회와 같은 언론의 기회에는 언제나 경찰 권력에 의한 검열과 감시를 피할 수 없었다.

8) 미쓰이 다카시 〈식민지기 조선에서의 언어운동의 전개와 성격-1920~30년대를 중심으로〉《역사학연구》 제802호, 2005).

9) 야노 겐이치(矢野謙一) 〈조선총독부 편 《조선어사전》 편찬 경위〉《韓》 제104호, 1986).

10) 조선어의 근대화에 열의를 쏟았던 것은 오히려 조선 지식인들 쪽이었다. 1920년대 이후 조선인에 의한 언론활동이 활발해졌을 때도 조선어의 근대화는 일본의 식민 지배 아래에서 민족의 '갱생' '부흥'이라는 정치적 가치를 띠는 것으로 파악됐다. '한글의 정리·보급·개량'은 이를 위한 수단이었으며, 일본인과의 열의 차이는 여기에 기인한다. 그들은 최선의 수단은 아니라고 인식하면서도 조선총독부가 준비한 교육·언어정책의 장을 이용했던 것이다.

11) 조선어 과목 설치는 교장에게 일임했는데, 학교에 일본인이 많이 배치돼 있다거나 교장의 시국 인식 등으로 조선어 '폐지'를 단행한 학교도 생겼다. 이를 교장 개인의 '지나친' 판단이라고 보는 의견도 있지만, 교장이 그런 판단을 할 정도로 시국이 절박했다고 보는 것이 자연스럽다. 이노우에 가오루(井上薫)의 〈일본통치 말기 조선에서의 일본어 보급·강제 정책〉《北海道大学 교육학부기요》(제73호, 1997) 참조.

12) 조선어 신문은 총독부의 어용신문인 《매일신보》만 남았다. 또 라디오는 1927년 이후 조선어 방송도 했지만 1930년대 중반 이후에는 통치를 선전하는 내용의 방송이 많아졌다.

13) 조선 개항 이후 후쿠자와 유키치와 그 문하생인 이노우에 가쿠고로가 한글 보급에 힘썼다는 견해가 있다. 확실히 후쿠자와는 한글의 필요성을 주장했고, 이노우에가 한자·한글 혼용 관보인 《한성주보》 발간에 관여했던 것은 사실이다. 그러나 그 의의를 강조하는 논의는 대부분 그들 주장의 한편에 존재한 조선 개화파 정치가들의 정치적 판단·전략을 전혀 시야에 넣고 있지 않다. 후쿠자

와나 이노우에뿐만 아니라 개화파 정치가들의 의도도 함께 생각해야 한글 채용의 사회·정치적 문맥을 이해할 수 있는 것 아닐까? 이나바 쓰기오(稻葉繼雄) 〈이노우에 가쿠고로와 《한성순보》《한성주보》 - 한글 채용 문제를 중심으로〉(《문예언어연구-언어편》 12, 1987) 참조.

7. 창씨개명이란 무엇인가?

미즈노 나오키 (水野直樹)

창씨개명은 조선 식민 지배기의 대표적 정책으로 잘 알려져 있다.[1] 조선의 민족문화와 전통을 부정한 황민화정책의 상징으로 이야기될 뿐 아니라, 조선총독부 관계자마저 전후 창씨제도를 식민지 지배의 '대표적 악정'으로 평가하는 글을 남겼다.[2]

그럼에도 최근 일본에서는 창씨개명을 정당화하려는 발언이나 논의가 나타나고 있다. 《만화 혐한류》에는 그림1과 같이 창씨개명이 강제는 아니었다는 인상을 주는 이미지가 묘사돼 있다. 이러한 견해가 정당한

그림1
《만화 혐한류》 224쪽

지 검토하기 위해 '강제는 아니었다'는 점을 제시할 목적으로 거론된 몇 가지 논거를 살펴보자.

'일본 이름을 희망하는 조선인이 있었다'

창씨개명은 강제가 아니었다고 주장하는 사람들이 첫 번째 근거로 삼는 것은 일본 이름을 희망하는 조선인이 있었기 때문에 일본 측은 이에 부응해 창씨개명을 실시했다는 것이다. '일본 이름'을 사용하고 싶어 한 조선인이 전혀 없었다고는 할 수 없지만, 이는 극소수에 지나지 않았다. 애초 이들 조선인이 '일본 이름'을 희망한 것은 지배자인 일본인이 조선인을 차별하는 상황이 존재했기 때문이며, 그 밖의 다른 이유는 없다.

창씨개명을 실시한 이유로 일본이나 만주(당시는 만주국, 현재의 중국 동북지방)에 사는 조선인이 차별받지 않기 위해 '일본 이름'을 사용하고 싶다고 일본 당국에 요청했다는 말을 자주 듣는다. 그러나 실제로 그런 요청이 있었다는 근거는 제시돼 있지 않다.

또 씨 설정[3] 신고율을 지역별로 살펴보면 '내지'나 만주에 사는 조선인의 신고는 극히 저조했다는 것을 알 수 있다. 조선인 가구 중 신고한 가구의 비율은 조선에서는 약 80%였던 데 비해 '내지'에서는 14%, 만주에서는 19%에 지나지 않았다.[4] 일본이나 만주에 거주하는 조선인의 대부분이 호주가 아니었던 것도 이유 중 하나겠지만 조선에서는 학교나 경찰을 포함한 행정기관이 압력을 가해 신고를 강요한 데 비해 일본이나 만주에서는 그만큼의 압력을 가할 수 없었기 때문이다.

조선인이 '일본 이름'을 희망해 창씨개명을 실시했다는 것은 식민지 지배의 본질을 보지 못한 것이며, 나아가 당시의 실정을 무시한 논의다.

"총독은 '강제는 아니다'라고 말했다"

"당시 미나미 지로(南次朗) 총독이 '일본식 이름으로 바꾸는 것은 결코 강제는 아니다'라고 몇 번이나 언명했던 것으로 미루어 총독부는 강제할 의도가 없었다. 강제가 있었다면 말단 공무원이 공을 다투어 한 것에 지나지 않는다"는 것이 창씨개명은 강제가 아니었다고 주장하는 두 번째 근거다.

확실히 창씨개명 실시 초기 미나미 총독을 비롯한 총독부 관계자는 "강제하는 것은 아니다"라고 여러 차례 표명했고, 이 담화가 신문에도 게재됐다('총독훈령'이 있었다는 설도 있는데, 그런 것은 없었다).

그러나 1940년 2월 11일 신고 개시 이후 2개월 이상 지난 4월 말에도 신고 건수가 전체의 4%에도 못 미치자 총독부는 "씨 제도는 반도 통치사의 한 획을 긋는 일" "대화대애(大和大愛)의 조국(肇国)정신을 받드는 국가 본연의 소산"이라며, 이것을 "민중 각층에 철저하게" 실시하라는 자세로 전환했다.[5] 이후 총독부의 하부 기관은 조선인 각 가정이 씨 설정을 신고하게 하기 위해 전력을 기울인다.

그리하여 애초의 "강제는 아니다"라는 총독의 말을 방패삼아 신고하지 않은 사람은 '내선일체'에 반대하는 사람이며 '비국민'이라고 비난받게 됐다. 창씨개명을 비판한 사람이 일본의 조선통치 자체를 반대했다는 이유로 검거돼 처벌된 사례도 볼 수 있다.

이 같은 강제력의 발동이 총독의 명령에 의한 것이었음을 나타내는 증거는 없지만, 지방법원장(지방재판소장)이 말단 행정기관에 '전체 가구의 신고'를 독려한 문서는 남아 있어 고위층으로부터의 지시가 있었던 것으로 추정된다. 무엇보다 '황국신민'으로서의 증거를 보이기 위해서는 씨를 설정하지 않으면 안 된다는 분위기가 최대 압력이었던 것이다.

'조선 이름을 계속 사용한 조선인도 많다'

창씨개명 실시 이후에도 조선 이름을 계속 쓴 조선인이 많았다는 것이 창씨개명의 강제성을 부정하는 세 번째 근거로 이야기된다.

씨 설정 신고가 약 80%, 개명(일본식 이름으로 바꾸는 것) 신고가 약 10%였으므로[6] 종래의 이름을 계속 사용한 사람이 상당수였던 것은 확실하다. 그렇다고 강제가 없었던 것은 아니다. 실제로는 전술한 바와 같이 강한 압력이 가해졌기 때문에 씨 설정 신고가 80%에 달했던 것이다.[7]

또 씨 설정을 신고하지 않았더라도 실제로는 이름이 변하게 돼 있었다. 창씨란 호적상·법률상의 성을 조선의 전통적인 성(부계혈통 친족집단의 명칭)이 아니라 새롭게 붙여진 씨(호적을 단위로 하는 집의 명칭)로 하는 것이었는데, 씨 설정을 신고하지 않은 경우 호주의 성이 그 집의 씨가 되도록 법령으로 정해져 있었다. 때문에 호주와 그 자식들은 그때까지의 성이 그대로 씨가 됐지만 성을 달리하는 어머니와 처는 다른 씨로 변하게 됐다. 이것은 법적 강제이며, 호적은 관리의 직권으로 바꿔 쓸 수 있었던 것이다(다음 쪽 그림2).

일본이 조선에서 씨 제도를 실시한 목적은 조선식 가족제도, 특히 부계혈통에 근거한 친족집단(문중·종중 등으로 불린다)의 힘을 약화하고 일본식 집 제도를 도입해 천황에 대한 충성심을 심는 데 있었다. 당시 출판된 창씨개명 해설서는 "종래에는 일신이 종족(宗族)에 연결돼 있었으나 앞으로는 '각 가정이 직접 천황에 연결되는' 이러한 이념이 우선되는 것이다"라고 그 의의를 설명했다.[8] 조선인을 전쟁에 동원하기 위해서는 천황에 대한 충성심이 필요했기 때문이다.

'창씨'는 조선의 문화와 전통을 강압적으로 부정하고 사회 형태 자체를 개편하려 한 정책이었다. 이런 점에서 일본의 식민 지배의 본질을 잘 나타내는 것이라고 할 수 있다.

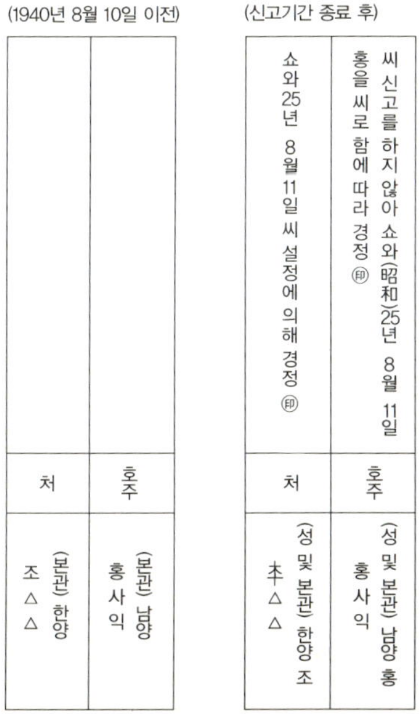

그림2
씨 신고를 하지 않은 경우의 호적 변화(모식)

(1940년 8월 10일 이전)		(신고기간 종료 후)	
처	호주	처	호주
(본관) 조 △ △	(본관) 홍 사 익 남	(성 및 본관) 추 △ △ 한향 조	(성 및 본관) 홍 사 익 남 홍
		홍을 씨로 함에 따라 경정 ㊞	씨 신고를 하지 않아 쇼와(昭和) 25년 8월 11일
		쇼와 25년 8월 11일 씨 설정에 의해 경정 ㊞	

* 신고기간 종료(1940년 8월 10일)까지 씨 신고를 하지 않은 경우에는 호주의 성이 씨가 되었기 때문에 처의 성에 취소선이 그어지고 호주와 같은 성이 됐다. 또 '본관' 난이 '성 및 본관'으로 바뀌고 원래 성은 그곳으로 옮겨졌다.

주

1) 창씨개명에 관한 연구로 다음을 제시해 둔다.
   《창씨개명》(宮田節子·김영달·양태호, 明石書店, 1992).
   《창씨개명의 연구》(김영달, 未來社, 1997).
   《창씨개명의 법 제도와 역사》(김영달, 明石書店, 2002).
   미즈노 나오키 〈조선인의 이름과 식민지 지배〉(미즈노 편 《생활 속의 식민지주의》 人文書院, 2004).

2) 예를 들면 야기 노부오(八木信雄)의 《일본과 한국》(일한문화협회, 1978) 129쪽. 야기 노부오는 1940년 당시 총독부 학무국 학무과장, 그 후 경무국 보안과장, 전라남도지사 등을 지냈다.

3) 창씨개명의 법적 방법
   창씨개명은 1939년 11월 10일 공포된 개정 조선민사령과 같은 해 12월 26일 공포된 총독부령 '조선인의 씨명 변경에 관한 건'을 비롯한 몇 개의 법령에 의해 실시됐다. 이들 법령이 실시된 1940년 2월 11일부터 8월 10일까지 6개월 사이에 호주는 씨 설정 신고를 할 것(설정 창씨), 신고가 없을 경우 호주의 성을 '씨'로 할 것(법정 창씨), 천황의 이름이나 휘 그리고 조선인의 다른 성을 씨로 해서는 안 된다는 것 등이 정해졌다. 법령에는 정해져 있지 않으나 신고할 때는 두 글자로 된 일본식 씨를 붙일 것을 장려했다.

4) 지역별 씨 설정 신고율(조선인 가구수·세대수에서 차지하는 비율)
   조선   76.4%
   '내지'   14.2%
   만주국   18.8%
   중국   14.5%
   (조선총독부 법무국 '제78회 제국의회 설명자료' 1941, 不二出版 복간판에 따름)

5) 4월 23일 도지사회의에서의 미나미 총독 훈시.

6) '개명'은 어떠했는가?
   '개명', 즉 이름을 일본식으로 바꿔 신고한 조선인은 10%에 불과했다. 씨 설정이 신고 서류를 관청에 제출하기만 하면 됐던 데 비해 개명하려면 재판소의 허가를 얻어 허가서에 수수료를 첨부해 신고하는 번잡한 수속이 필요했던 것이 그 하나의 요인이었다. 또 하나의 이유로는 총독부가 개명은 나중에 해도 된다는 담화를 발표하는 등 개명에 힘을 쏟지 않았던 것을 생각할 수 있다. 이는 창씨개명이 이뤄지면 일본인과 조선인을 구별할 수 없다고 반대하는 의견이 일본인들 사이에 있었기 때문에 가족제도의 일본화를 위해 '창씨'는 강제하면서도 '개명'에는 소극적이었기 때문에 개명은 낮은 비율에 머물렀던 것이다.

7) 조선인 전체 가구에서 차지하는 '씨 설정' 신고 추이(누계)
   1940년 2월 말   0.4%
          3월 말   1.5%
          4월 말   3.9%
          5월 말 12.5%
          6월 말 27.0%
          7월 말 53.7%
          8월 10일 80.3%
   (조선총독부 법무국 '제78회 제국의회 설명자료' 1941, 不二出版 복간판에 의함).

주4)의 숫자와 차이가 있으나 원 자료대로 인용했다.

8) 《씨 창설의 참 정신과 그 수속》(綠旗日本文化硏究所 편, 1940, 18쪽). 롯키일본문화연구소는 조선에서 황국신민 이데올로기를 선전·보급한 롯키연맹의 외곽단체. 이 책 권두에는 총독인 미나미 지로의 휘호, 법무국장 미야모토 하지메(宮本元)의 서문이 게재돼 있다.

8. 조선인 강제연행은 없었나?

도노무라 마사루 (外村大)

조선인 강제연행은 존재하지 않았거나 거의 없었다는 주장이 최근 나오고 있다. 그렇다면 이제까지의 연구는 잘못이었고, 당사자의 증언은 허위였다는 말인가? 아래에서는 전시에 조선으로부터의 노무동원 실태를 밝히고 그 역사를 기억하는 의의에 대해 말하고자 한다.

일본에서 일하기를 원한 조선인과 동원의 관계

'혐한파' 들은 전쟁 중에도 일본에서 일하는 것을 적극적으로 원한 조선인이 있었기[1] 때문에 노무동원계획[2]의 할당은 문제없이 충족됐다고 본다. 그러나 일본에서 일하기를 원한 조선인이 있었다고 해서 강제동원이 일어나지 않았다는 말은 성립하지 않는다.

원래 노동력의 이동은 단순한 경제적 요인만으로는 규정되지 않는다. 전시동원의 경우에도 동원체제 불비, 불충분한 정보 전달이 원활한 동원을 방해할 수 있다. 이런 측면에서 전시하 조선의 동원 행정기구는 빈

약했으며 담당자도 적었다.³⁾ 게다가 당시 조선반도는 교통·통신이 구석구석까지 미치지도 않았고 문맹률도 높았다. 즉, 단기간에 할당된 인원을 동원할 수 있는 형편이 아니었기 때문에 필요한 인원을 채우기 위해 폭력적 수단으로 인원을 모으는 사태가 언제라도 일어날 수 있는 상황이었던 것이다.

조선인 동원의 법제도와 실태

동원의 폭력성을 과소평가하는 '혐한파'는 국민징용령에 의한 징용만 강제연행이었다고 주장한다. 이러한 이해는 타당할까?

동원계획에 의한 일본 내지 등 사업장의 조선인 배치는 1939년 9월부터 시작된 행정당국의 통제에 따라 이뤄진 기업의 모집⁴⁾, 1942년 2월부터 관의 알선⁵⁾, 1944년 9월부터 국민징용령에 의한 징용 등 세 가지 형태로 추진됐다. 이 중 모집과 관의 알선에 의한 취로는 겉으로는 일반적 구인·구직으로 이루어진 고용계약과 같다.

그에 비해 국민징용령은 국가가 문서로 내린 명령에 의한 동원이며, 거부할 경우 법적 처벌규정을 가진다. 이런 점에서 앞에서 말한 바와 같은 주장이 나오는 것이다. 그러나 우리가 생각해야 할 것은 법 문장이 아니라 동원 실태다. 이에 대해서는 많은 체험자의 증언이 있다. 그 중에는 국민징용령 발동 이전 단계에서 물리적 폭력에 의해 동원됐음을 증언하는 사람도 적지 않다.⁶⁾

당국자가 남긴 문서에서도 이 같은 사실을 확인할 수 있다. 내무성 관리국 직원이 작성한 1944년 7월 보고서에는 조선에서의 동원이 "어떤 방식을 따르든 출동은 완전히 납치와 마찬가지 상태" "사전에 알리면 모두 도망쳐버린다" "그래서 야습이나 꾀어내기, 기타 각종 방책을 강구해 인질과 같은 약탈 납치 사례가 많았다"는 사실이 기록돼 있다.[7]

또 국민징용령 발동 이후의 상황에 대해서는 1945년 1월의 후생사무관 보고가 조선인들 사이에서의 '내지 도항을 기피하는 경향'을 확실히 인정하고 있고, 그 이유는 조선에 살고 있는 가족에게 보내는 '송금 액수가 적거나 송금 자체가 증발해 버리는 것' '소식 전달이 원활하지 못해 그 안부조차 확인할 수 없는 것' 또는 출동 기간의 연장, 식량 부족 등과 같은 '노무관리상의 불비'에 있다는 것을 기록한[8] 것이 주목된다. 전쟁 말기에 따른 노무 수급의 핍박 등 노무관리상의 문제가 알려지자 동원 기피는 더욱 확대돼 폭력 발동이 더욱 증가했을 것으로 보인다.

원래 1939년 이후의 '동원계획'에 근거한 노동자 확보는 모두 국책상의 요청이었으며 할당 인원이 정해져 있던 것을 생각하면 모집·알선·징용의 세 가지 형태를 일괄해 강제연행정책이라고 불러도 문제는 없을 것이다. 1955년 간행된 법무성 법무연수소의 《재일 조선인 처우의 추이와 현상》에서도 1939년 이후 정부의 동원정책을 '강제이주'로 표현했다.[9]

조선인 관리의 위치와 책임 소재

폭력적 연행 사례의 존재를 인정하는 '혐한파'는 그 책임이 조선인 측에 있다고 주장한다. 그 근거로 드는 것은 가마타 다쿠이치로(鎌田沢一朗)의 《조선신화》(創元社, 1950) 320쪽의 기술이다. 가마타는 폭력적 동원 사례를 소개한 후 "총독이 그렇게까지 강행하라고 명령한 것은 아닌데 상사의 눈치를 살핀 조선 출신 말단 관리나 공무원이 해버린 것"이라고 지적했다. 정대균은 '강제연행론자'가 이 문장을 무시하는 점을 지적했다. 강제연행의 책임은 어디까지나 말단 행정기구의 조선인 직원에게 있다고 말하고 싶은 것이다.[10]

조선인 면 직원 등이 노무동원의 실무를 담당했던 것은 틀림없는 사실이다. 그러나 그들이 자기 재량으로 멋대로 "난폭한 짓을 했던"(가마타, 앞의 책) 것일까? 강제연행 책임은 그들에게만 있는 것일까?

앞에서 말한 바와 같이 일본으로의 노동자 송출은 일본 정부가 결정한 동원계획에 따른 것이었다. 그 계획에 근거한 노동자의 확보는 조선총독부 이하 행정기구의 지시로 행해졌다. 따라서 면보다 상위 행정기관의 담당자에게 책임이 있는 것도 당연하다. 게다가 당시 법에서도 허용되지 않는 인권침해가 있었다는 사실은 전술한 바와 같이 내무성 관리국에도 전해지고 있었다. 그럼에도 그것을 그만두라는 지시가 없었던 것도 큰 문제다.

또 실상 면 직원이 자기 판단으로 폭력적 연행을 적극적으로 행한 사례가 일반적이었는지도 의문이다. 그러한 행위는 피동원자와 그 가족의 원한을 사고, 촌락질서의 혼란을 초래해 면 직원으로서도 위험을 수반하기 때문이다. 오히려 상위 행정기관의 압력을 받아 수행한 경우가 많았으리라는 추측이 가능하다. 이런 점은 기업의 모집 담당자가 종종 군이나 경찰은 협력적인 데 반해 면 직원은 성의가 없다는 보고를 한 것을 보아도 알 수 있다.[11] 앞에서 기술한 가마타의 지적은 사실의 일부분만 떼어내 폭력적 동원 책임을 조선인 말단 직원에게 전가한 것이라고 해석해야 할 것이다.[12]

일본인 동원과의 차이

"조선인만이 동원 대상이 됐던 것은 아니다"라고 말하는 일본인이 많다. 그러나 일본인의 동원이 조선인의 동원과 같을까?

조선인 동원의 특징에는 징용에 의한 동원이 늦게 발동돼 결과적으로 징용 적용자가 적었다는 점이 있다.[13] 이는 일본인을 대상으로 더욱 심한 동원이 행해졌음을 나타내는 것처럼 보이지만(실제로 '혐한파'는 그렇게 주장한다) 사실은 그 반대다.

징용이라는 동원 형태는 법적 벌칙에 의한 구속성이 강하다는 것과 원호조치, 즉 피동원자와 그 가족·유족에 대한 생활 부조 등의 존재를 묶어 생각할 필요가 있다. 이에 대해 조선인을 대상으로 하는 주요 동원 형태인 모집이나 관의 알선은 징용과 같은 구속성을 가졌음에도 특별한 원호조치가 없어 불리함을 강요당했다. 그 후 조선인에 대한 징용의 전면 발동에 따라 징용 및 관의 알선을 받은 조선인에게도 일본인과 같은 원호를 하기로 결정했으나 전쟁 말기의 행정 혼란으로 원호는 충분히 이루어지지 않았다.[14] 요컨대 대부분의 조선인에게는 원호 보장이 없는 동원이 마지막까지 계속됐던 것이다.

또 일본인에 대한 징용은 통상 필요 이상의 인원을 출두시켜 건강 상태와 가정 사정, 주소와 근무지의 원근을 고려한 후 실제 징용 대상자를 결정했다. 출두 요청자는 처음에는 필요 인원의 2.5~3배였는데 나중에는 3.5~5배 정도였다고 한다.[15] 이에 비해 동원계획에 의한 조선인 동원 대상자는 면사무소 등에 집합한 인원을 거의 그대로 끌고 가는 일도 드물지 않았다. 건강상태는 아무래도 상관없었고, 가정 사정 등을 고려한 흔적도 없다.

동원된 조선인에 대한 대우, 노무관리는 차별적이고 열악했다. 우선 갖가지 도주 방지 대책을 세웠다. 그 중에는 기숙사를 담으로 둘러싸고 감시를 붙이며, 휴일에도 외출이 자유롭지 못했던 경우를 확인할 수 있다. 그래도 도주는 있었는데, 도주자는 경찰 수색으로 종종 발견됐다. 당시 일본 거주 조선인은 협화회라는 반 관제단체에 강제로 가입돼 협회 회원장(수첩) 소지가 의무사항이었기 때문에 이를 확인하면 도주자를 쉽게 발견할 수 있었던 것이다. 발견된 도주자에게는 죽음에 이를 정도의 사적 제재를 가한 경우도 있었다.

도주방지대책의 일환으로 임금을 강제 저금시킨 경우도 눈에 띈다. 또 가족 송금이 이행되지 않은 사례도 있어 남은 가족이 생활에 쪼들린 경우도 많았다고 한다.

징용자는 아무리 건강이 좋지 않아도 출동해야 했고, 탄광에서는 보통 12시간의 장시간 노동이 강요됐다. 의류와 식료품도 부족해 이를 둘러싸고 쟁의가 발생하는 일도 드물지 않았다. 또 부상이나 병으로 노동

'강제징용' '강제노동' 등 전시하 조선인의 고난을 기록한 《경성일보》 기사(1945. 12. 8).
한편 이 신문은 조선인이 편집권을 가졌으며 해방 후에도 잠시 일본어로 발간됐다.

할 수 없는 경우 식사를 제공하지 않은 노동현장도 있었다.

또 조선인 노동자의 노동재해 발생률은 일본인에 비해 높았다. 단편적 통계지만 석탄통제회 동부지부의 재해원부에 따르면 조선인 노동자의 사망률은 일본인의 4.41배였다. 토건공사 현장에서의 사상사고 발생률은 조선인이 일본인보다 57%나 높았다는 추계가 있다. 이는 작업 숙련도의 문제도 있지만, 증언에서도 알 수 있듯 위험한 작업에 조선인을 투입한 영향도 클 것이다.[16]

이상과 같은 점을 놓고 보더라도 모집·알선·징용의 대상인 조선인은 징용된 일본인과 비교해 현저한 인권침해를 받았고 가혹한 노동을 강요받았다는 것, 또 동원 대상자 가족의 생활도 조선인에게는 더욱 심각한 사례가 많았다는 것이 틀림없다.[17]

덧붙여 피동원자에 대한 전후 정책을 보면 보상 부재·불충분, 강제저금과 미불 임금 처리가 적절하지 못했다는 점에서 조선인과 일본인은 큰 차이가 있다. 또 동원으로 가족과 이산한 조선인이나 사망자의 유골이 반환되지 않고 있다는 문제도 있다.[18]

강제연행 사실을 기억하는 의의

강제연행은 과거의 일이지만 위에서 언급한 바와 같은 전후 처리 등을 생각하면 현재의 문제이기도 하다. 따라서 그 사실은 당사자와 그 가족·유족뿐만 아니라 자신과는 관계없다고 생각하기 쉬운 일본인에게도 중요하다.

물론 일본인도 전쟁 피해자였던 것이 사실이며, 지금도 치유할 수 없는 상처로 고생하는 사람이 적지 않다. 피해 정도도 동원된 조선인만큼 큰 경우도 있다. 그러나 조선인의 피해를 시야에 넣어야만 일본인 피해자도 다른 사람으로부터 공감을 얻을 수 있다.

 더욱이 조선인 동원의 실태를 바로 알아야 비로소 볼 수 있는 것도 틀림없이 있다. 이 장에서 설명한 조선인 강제연행 실태를 통해 우리는 '모두 국민의 의무다. 국민은 모두 같이 협력해야 한다'는 선전 아래 실은 약한 입장이거나 무권리 상태의 사람들이 가장 큰 타격을 받는 국가 정책의 장치를 볼 수 있다. 그러한 일이 되풀이되지 않도록 조선인 강제연행 사실을 확실히 지켜볼 필요가 있다.

▶ 주

1) 이러한 사실은 '혐한파'가 아닌 역사 연구자가 식민지 지배에 의한 민중생활 압박의 예증으로 이전부터 지적한 것이다. 예를 들면 히구치 유이치(樋口雄一)의 《전시하 조선의 농민생활지 - 1939~1945》(社会評論社, 1998) 155~157쪽. 부언하자면 강제연행 문제뿐만 아니라 '혐한파'의 주장에는 자신이 발굴한 사료에 근거해 새롭게 도출한 견해가 거의 보이지 않는다.

2) 일본 정부는 1939년 이후 매년 전쟁 수행을 위해 필요한 노동력의 신규 수요·공급계획을 책정해 각의에서 결정했다. 이것이 '노무동원계획'(1942년 '국민동원계획'으로 개칭)이다. 여기에는 신규 학졸자, 전·폐업자 등 일본인에 대한 동원뿐만 아니라 조선인 노동자 '이입' 계획의 구체적 수치도 표시돼 있다.

3) 조선에서는 1941년에야 비로소 각 도에 1곳의 국영 직업소개소 설치를 완료했을 정도였고, 전임 직원도 소개소당 고작 10명 정도였다. 반면 일본 내지에는 이미 1939년 632곳의 국영 직업소개소가 있었다. 일본 내지의 직업소개소는 확충을 거듭해 명칭도 국민근로동원서로 바뀌었다. 1944년에는 540곳의 국민근로동원서에 전임 직원이 1만 명을 넘었다.

4) 이하 이 장에서 말하는 모집은 동원계획에 근거해 지역·인원을 계획적으로 할당해 행한 모집을 가리킨다.

5) 면사무소 직원 등이 협력해 동원 대상자를 확보하는 방식이다.

6) 예를 들면 전북 장수군에 살던 정명수는 1941년 12월 "면사무소 직원의 안내를 받아 우리 집에 찾아온 일본인 순사가 밖으로 나오라고 해서 입고 있던 옷 그대로 양손과 허리를 로프로 묶여 마치 죄인처럼 1리 남짓한 눈길을 걸어 면사무소로 연행돼" 일본 탄광에서 일하게 됐다고 증언했다(조선인강제연행진상조사단 편저 《조선인 강제연행 조사기록 중부·동해편》(柏書房, 1997) 230쪽.

7) 1944년 7월 31일자, 내무성 관리국장에게 보낸 내무성 촉탁 고구레 야스모치(小暮泰用)의 '복명서'(미즈노 나오키 편 《전시기 식민지통치자료》 제7권, 柏書房, 1998년 수록, 원본은 외무성 외교자료관에 소장).

8) 1945년 1월 8일자, 근로국장 앞으로 보낸 후생시무관 마쓰자키 사오루(松崎方)의 '목명서'(一橋大学 부속도서관 소장, 《보급원호결정서류》에 포함돼 있다).

9) 이 문서의 집필자는 모리타 요시오(森田芳夫)다. 정대균은 《재일·강제연행의 신화》(文藝春秋, 2004)라는, 마치 강제연행이 없었던 것처럼 독자를 현혹하는 제목의 책을 썼는데, 그는 이 책에서 모리타를 높이 평가했다. 그러나 모리타가 강제이주라는 말을 사용한 데 대해서는 한마디의 소개나 검토도 없다. 또 모리타의 저서를 기초로 썼다는 81~83쪽의 조선인 도항 관리에 대한 설명은 오류투성이여서 정대균이 과연 모리타의 저서나 그 밖의 재일 코리안의 역사에 대한 연구를 제대로 읽었는지조차 의심스럽다(상세한 것은 졸고 〈조선인 강제연행 – 연구의 의의와 기억의 의미〉 (http://www.sumquick.com/ tonomura/ronbun/ronbun01.html)의 주1)을 참조하기 바란다).

10) 정대균, 앞의 책, 112쪽. 《만화 혐한류》 86쪽에도 같은 지적이 있다.

11) 모리야 요시히코(守屋敬彦)의 〈아시아태평양전쟁하의 조선인 강제연행과 유가족 원호〉(《道都大学紀要》(교양부) 제15호, 1996년 12월).

12) 말이 나온 김에 이야기하자면 가마타 다쿠이치로는 조선 총독이었던 우가키 가즈시게의 비서를 지냈다. 가마타의 책에서 중요한 것은 바로 그 인적사항이며, 또 노무동원 실태의 잔혹함을 언급했다는 점이다.

13) 《종전사록》(외무성 편, 1952) 부록 23~24쪽에 의하면 패전 시점의 일본인 피징용자(그 시점에 사업장 등에 배치돼 있던 사람)는 616만4,156명(단 이 중 455만4,598명은 군수회사에서 이전부터 근무하던 사람으로 직장 이동을 금한 '현원징용'이었고, 나머지 160만9,558명은 다른 일에 종사하던 사람을 동원한 '신규징용'이었다)이었던 데 비해 동원계획에 의해 일본 내지 사업장에 배치됐던 조선인은 32만2,890명이다. 이 중 징용에 의한 동원이 어느 정도인지는 알 수 없으나 대장성 관리국 《일본인의 해외활동에 관한 역사적 조사》(통권 제10권 조선편 제9분책 69쪽)에 의하면 '대 일본 내지'의 징용(신규징용)은 1941~45년 합계 22만2,082명으로 돼 있다.

또 일본인 신규징용과 비교해 동원계획에 따라 일본 내지에 배치된 조선인은 적지만, 조선인의 경우 조선 내에 배치된 동원도 많았던 것에 주의해야 한다(예를 들면 대장성 관리국의 앞의 책에 따르면 조선 내에 배치된 동원은 1944년과 1945년의 신규징용 합계가 4만2,941명, 같은 해 관의 알선 합계가 12만 880명, 도내 동원으로 구분되는 동원이 1944년 한 해에만 88만8,612명으로 돼 있다). 이러한 사실과 당시 조선인과 일본인의 인구규모 차(1944년 일본제국 내에 거주하는 조선인은 2,700만 명 정도였는데 일본인은 7,300만 명을 넘었다)를 감안하면 조선인의 노무동원 부담은 일본인에 비해 결코 가벼웠다고 할 수 없다.

14) 대장성 관리국 편 《일본인의 해외활동에 관한 역사적 조사》(통권 제10권 조선편 제9분책 73쪽).

15) 노동성 편 《노동행정사 제1권》(노동법령협회, 1961) 948쪽.

16) 이상 동원된 조선인의 노동 실태나 대우 등은 야마다 쇼지(山田昭次)·고쇼 다다시(古庄正)·히구치 유이치 《조선인 전시 노동 동원》(岩波書店, 2005)에 따랐다.

17) 다만 노동의 대가를 받아 송금하거나 복리후생을 향유한 조선인이 없었던 것은 아니다. 이는 조선인 노동자의 저항을 불러일으키지 않고 전쟁 수행을 위한 생산활동을 이끌어내는 것이 당시 일본 정부와 기업의 과제였던 것을 생각하면 당연하다. 이런 점을 염두에 두고 단순한 노예노동적 실태 측면만 폭로하는 차원이 아닌 전시 노무동원 실태를 파악해 가는 것이 현재의 과제다. 그렇지만 이제까지의 연구 축적, 관계자의 증언을 바탕으로 생각할 때 강제연행·강제노동, 차별적 취급 사실을 부정하거나 예외적인 것이었다고 보기는 불가능하다.

18) 자세한 것은 우에스기 사토시(上杉聰)의 〈조선인 강제연행 피해자의 유골 반환 문제 – 일한·일조에 의한 공동작업의 경위와 전망〉(《世界》 2006년 12월호) 참조.

전시동원의 체계와 개념에 대해서는 김영달의 《조선인 강제연행 연구》(明石書店, 2003) 및 졸고 〈조선인 강제연행 – 그 개념과 사료로 본 실태를 둘러싸고〉(http://www.h2.dion.ne.jp/~kyokasho/sotomura.html)가 참고가 될 것이다. 여러 당사자의 증언을 모은 책으로서는 '백만인의 신세타령' 편집위원회 편 《백만인의 신세타령 조선인 강제연행·강제노동의 '한'》(東方出版, 1999)이 있다. 또 본고에서는 다루지 않은 군사동원에 관해서는 미야타 세쓰코의 《조선 민중과 '황민화' 정책》(未來社, 1985), 히구치 유이치 《황군 병사가 된 조선인 – 5년전쟁하의 총동원체제 연구》(社会評論社, 1991), 강덕상 《조선인 학도 출진 – 또 하나의 해신의 소리》(岩波書店, 1997)를 참조할 것.

9. '위안부' 제도는 범죄가 아니었나?

가 와 가 오 루 (河かおる)

1991년 김학순(1924~97) 씨가 반 세기 가까운 침묵 끝에 자신이 '위안부'였다고 밝힌 것을 계기로 1990년대 들어 '위안부'에 대한 역사적 해명과 전후 보상을 요구하는 움직임이 일거에 진전됐다. 이러한 일본의 가해 책임을 따지는 움직임의 다른 한편에서는 그에 반발하는 움직임('새로운 역사 교과서를 만드는 모임' 결성 등)도 매우 활발해졌다. 그런 속에서 '위안부' 문제는 계속 핵심 표적이 되고 있다. 《만화 혐한류》 혹은 관련 책에서의 주장도 그 연장선상에 있다.

'종군위안부'라는 용어

《만화 혐한류2》는 '종군위안부'라는 용어가 1973년 센다 가코(千田夏光)의 저작[1]에 처음 등장한 조어로, 그때까지는 존재하지 않았다면서 만화 속에서도 일일이 "자칭 전 '종군위안부'"라고 표기했다.[2] '종군위안부'가 센다에 의해 만들어진 용어였다고 해도 '위안부'라는 용어는 틀림없이 일본군이 만들어낸 말이며, 게다가 실태를 감추려는 기만적 호칭이라는[3] 것을 우선 확실히 해 두고 싶다.

또 피해 여성의 입장에서 이 호칭을 생각하면 자진해서 '종군'한 것도 아니고, 더구나 '위안'이라는 말은 현실과 너무 큰 차이가 있는 것이었다.[4] 따라서 피해 여성이 뭔가 꿍꿍이를 가지고 '종군위안부'를 '자칭' 하는 것처럼 묘사한 《만화 혐한류2》의 표현은 매우 큰 문제다.

'군에 의한 강제연행은 있었나'[5]

《만화 혐한류2》는 "군에 의한 강제연행이 있었는지 없었는지"가 핵심이라면서 요시다 세이지(吉田淸治)의 증언[6]에는 허위가 있고, 원래 '위안부' 강제연행은 없었는데 "자칭 전 '종군위안부'"가 제멋대로 이름을 대고 나왔다고 주장한다. 그러나 원래 《만화 혐한류2》가 공격 대상으로 삼은 요시미 요시아키(吉見義明)는 요시다의 증언 내용에 허실이 섞여 있다고 하여 전혀 채택하지 않았다.

다음으로 《만화 혐한류2》는 요시미 요시아키가 군의 관여를 증명하는 것으로 제시한 자료('통첩')를 소개하고 "요시미 교수의 일본어 독해력에 의문을 가진다"고 비판했다. 이것은 아마도 육군성 부관 통첩 '군위안소 종업부 등 모집에 관한 건'(1938년 3월 4일)을 가리키는 것으로 보인다.[7]

이 통첩에 따르면 육군성은 "지나사변지에 위안소를 설치하기 위해 내지에서 종업부(위안부) 등을 모집하게 되어" 그 과정에서 "군의 위신을 손상"하거나 "통제하지 않고 모집하여 사회문제를 야기"하기도 했으며

"모집의 방법이 유괴와 마찬가지"라는 등의 문제가 일어나고 있다고 파악하고 있었다. 게다가 "장래 이들(위안부)의 모집은 파견군이 통제하고, 이에 임하는 인물의 선정을 주도적절하게 하며, 그 실시는 관계 지방의 헌병 및 경찰당국과 연계를 긴밀히" 할 것을 지시했다. 육군성 병무국 병무과가 기안하고 육군차관이 결재해 육군대신의 위임을 받아 북중국 방면군·중중국파견군 참모장 앞으로 보낸 이 '의명통첩'은 바로 육군성 스스로 '위안부' 정책에 관여했다는 것을 선언하는 자료다.[8]

《만화 혐한류2》는 이 통첩을 "조선인 업자가 마치 유괴와 같은 짓을 해서 그에 대해 일본군이 주의를 준 내용"이라며 조선에서의 '위안부' 징모에 대해 직접 내린 통첩인 것처럼 소개했다. 그러나 이 통첩은 '내지'에서의 "유괴와 같은 방법"이 일으킨 '사회문제'에 대한 우려에서 내린 것으로 '조선인 업자'를 나타내는 말은 한마디도 없다.[9] 오히려 이러한 우려에 대한 대책을 강구할 경우 식민지는 대상 외가 된다는 것은 다른 자료를 보아도 알 수 있다. 그 결과 '내지'에서는 '지도'라는 형태로 단속되던 강제적 징집이나 미성년자 징집이 식민지에서는 횡행했던 것이다.[10]

'위안부' 제도의 범죄성

원래 '위안부' 문제는 징집 과정에서의 강제성만 문제가 되는 것이 아니라 사역에서의 강제도 문제가 된다. 그런 모든 것을 포함해 '위안부' 제도는 일본군이 전쟁을 수행하는 과정에서 시스템으로 확립해 벌인 전시성 폭력, 전쟁범죄라는 것이 최근 10년 남짓한 연구나 증언 등으로 더욱 명확해졌다. 즉, '위안부' 제도나 강간[11] 등의 전시성 폭력이 헤이그육전조약(1907) · 부녀아동매매금지조약(1921) · 노예조약(1926) · 제네바조약(1929) · ILO강제노동조약(1930) 등 당시의 국제법 체계를 위반하는 행위였으며, 이러한 행위를 전체적으로 '인도에 대한 죄'에 해당하는 문제로 다시 파악하게 된 것이다.[12]

피해 여성의 정의 회복을 요구하는 고백은 일본이나 피해국뿐만 아니라 국제사회에도 커다란 영향을 미쳤다. 1996년 유엔 인권위원회는 라디카 쿠마라스와미(Radhika Coomara-swamy) '여성에 대한 폭력' 특별보고자가 보고서를 제출해 일본 정부는 법적 책임을 수락하고 배상, 사죄를 해야 한다고 주장했다. 또 1998년과 2000년에는 유엔 인권소위원회에서 게이 J. 맥두갈(Gay J. McDougall) '전시 조직적 강간 · 성노예제' 특별보고자가 보고서를 제출해 비처벌의 사슬을 끊기 위한 책임자 처벌이 불가결하다고 권고했다.

이러한 국제적 조류, 특히 법적 책임론과 책임자 처벌론에 큰 영향을 받아 정의를 회복하고 재판을 요구하는 피해 여성의 목소리에 호응하기 위해 가해국 여성들이 제창한 '일본군 성노예제도를 재판하는 2000년 여성국제전범법정'(이하 '법정')이 개최됐다.[13]

'여성국제전범법정'

《만화 혐한류2》에서는 이 '법정'을 "이미 결론이 난 재판놀이"[14]라고 야유하고 아베 신조(安倍晋三)가 TV에서 흘린 "'검사'가 북한 공작원"이라는 등의 터무니없는 주장을 되풀이하고 있다.[15] 또 "쇼와 천황이 강간죄로 유죄가 되었다"고 하는데, 정확하게는 '위안제도'를 통한 강간과 성노예제 인도에 대한 죄로서의 상관 및 개인적 책임이 추궁되었던 것이다.[16]

"법적 근거 없이" "제멋대로" 하고 있다는 지적도 잘못이다. '법정'에서는 전후 도쿄재판·뉘른베르크재판 조례, 옛유고·르완다의 국제전범법정 규정, 국제형사재판소 규정 등을 참고해 검토, 작성한 '법정 헌장'[17]을 근거로 심리를 행해 당시의 국제법에 따라 '위안부' 제도를 추궁했다.

"피고인도 없었던 궐석재판" "공평·공정하지도 않다" "증언이나 증거가 객관적으로 검토되지 않았다" "처음부터 결론이 정해져 있었다"는 지적도 잘못이다. '법정'은 민중법정[18]이므로 피고인에 대해 형을 집행하는 것도 아니고, 시효가 적용되지 않는 '인도에 대한 죄'에 대해 유죄인가 무죄인가를 물어 결과를 선언하는 것뿐이므로 피고인이 이미 죽은 사람이라는 것은 지장이 되지 않는다.[19] 증거로는 피해자의 증언뿐만 아니라 가해를 증명하는 일본군과 일본 정부의 공문서 자료, 일본군 병사의 가해 증언과 자료, 전문가 증언 등 방대한 양이 제출됐다. 판결은 국제법 전문가로 구성된 판사단이 그 증거들을 충분히 검토해 내린 것으로, 어떤 결론이 나올지는 마지막까지 전혀 예측할 수 없었다.

피해자는 일본?

《만화 혐한류2》는 이상과 같은 '위안부'와 '법정'에 대한 이야기를 다음과 같이 마무리한다.[20] 일본 정부가 행한 '여성을 위한 아시아 평화

국민기금'²¹⁾에 한국이 반대하는 것은 "일본군에 의한 '성노예제도'가 존재했다는 그들의 엉터리 주장을 일본 정부로 하여금 공식적으로 인정하게 하려는 것이지, 자칭 전 '종군위안부'를 도와주기 위해서가 아니다." "(특별연금을) 목적으로 전 '종군위안부' 였다고 거짓말하는 할머니도 없다고는 할 수 없다." 따라서 '진짜 피해자'는 "그들의 엉터리 주장에 농락당하는 일본"이라는 것이다.

이 기금은 발족 때부터 국가가 책임을 회피하는 것이라는 비판을 받아 수령을 거부하는 피해자도 있었다. '보상금' 수령을 둘러싸고 심각한 혼란이 생긴 가장 큰 원인과 책임은 법적 책임은 인정하지 않은 채 민간기금으로 '보상금'을 지급하려 한 일본 정부에 있다. 그럼에도 《만화 혐한류2》는 피해자와 지원자를 "더럽다"고 중상모략하고, 진짜 피해자는 일본이라는 도착된 결론을 끌어내는 것이다. 일본 사회가 이러한 '제2차 강간'이라고도 할 수 있는 모욕을 방치하지 않는 태도를 확실히 보여야 이웃 나라와의 새로운 관계도 구축할 수 있을 것이다.

주

1) 센다 가코 《종군위안부》(双葉社, 1973).

2) 《만화 혐한류2》 제7화. 이하 '위안부' 문제에 관한 인용은 《만화 혐한류2》 제7화에 따른다.

3) 후지나가 다케시(藤永壯)의 〈식민지 공창제도와 일본군 위안부 제도〉(早川紀代 편 《식민지와 전쟁 책임》 吉川弘文館, 2005).

4) '위안부'라는 당시의 용어가 '위안부' 제도의 역사적 현실을 정확하게 표현할 수 없기 때문에 어디까지나 ' '를 붙이는데, '군 성노예(제도)'라는 용어를 사용하는 것이 오늘날 일반적이다.

5) 이 문제에 대해 알기 쉬운 참고서로는 다음과 같은 것이 있다. 요시미 요시아키·가와다 후미코 (川田文子) 편저 《'종군위안부'를 둘러싼 30가지 거짓말과 진실》(大月書店, 1997), 아시아여성자료센터 편 《'위안부' 문제 Q&A》(明石書店, 1997).

6) 자신의 저서인 《조선인 위안부와 일본인》(新人物往来社, 1977), 《나의 전쟁범죄》(三一書房, 1983)에서 이야기하고 있다. 야마구치현 노무보국회 시모노세키지부 동원부장 시절 제주도에서의 '위안부 사냥'에 대한 증언.

7) 요시미 요시아키 편 《종군위안부 자료집》(大月書店, 1992)에 수록. 원본은 방위청 방위연구소 도서관 소장 《육지밀대일기(陸支密大日記)》(1938년 제10호)에 수록. 1992년 1월 요시미 요시아키가 발견한 자료로 신문에 발표돼 정부가 군의 관여를 인정하는 계기가 됨. 《만화 혐한류2》는 "경찰이 '도둑을 경계하라'고 하면 그것을 경찰이 절도행위에 관여했다는 증거로 삼는 것과 같은 것"이라고 요시미를 비판하는데, 굳이 이 예로 자료의 후반 부분을 설명하자면 경찰이 도둑을 통제하고 도둑과 긴밀히 연계해 절도행위를 한다는 것이 돼 《만화 혐한류2》의 요시미 비판은 잘못이다. 이 자료를 군 관여의 증거가 되지 않는다고 하는 《만화 혐한류2》와 같은 주장은 1990년대부터 존재해 특별히 새로운 것도 아니다.

8) 요시미 요시아키의 《종군위안부》(岩波書店, 1995) 36쪽.

9) 물론 '위안부' 징집이나 사역에서 '조선인 업자'의 역할이 숭요했다는 것은 밀힐 필요도 없다. 윤명숙 《일본의 군대위안소제도와 조선인 군대위안부》(明石書店, 2003) 참조.

10) 《'종군위안부'를 둘러싼 30가지 거짓말과 진실》 21~22쪽.

11) 원래 일본군이 '위안소'를 설치한 배경에는 강간이라는 범죄(당시의 육군 형법상으로도 범죄였다)가 자주 발생했다는 점이 있다. 그러나 '위안소' 설치 후에도 강간이 빈발해 1942년 2월에는 육군 형법을 개정해 강간죄를 독립 항목으로 하고 전지강간죄를 제정하기에 이르렀다. 이 배경에는 군기 붕괴라는 심각한 현실이 있었다. 가사하라 도쿠시(笠原十九司)의 〈중국에서의 일본군에 의한 성폭력 구조〉(VAWW NET Japan 편 《'위안부'·전시 성폭력의 실태Ⅱ》 緑風出版, 2000).

12) 이들 조약 중 노예조약을 제외하고는 일본도 비준했다. 그러나 노예조약은 국제관습법으로 확립돼 있어 일본은 노예제도 금지를 위반한 책임을 묻게 될 수 있다(VAWW NET Japan 편 《여성 국제 전범 법정의 전 기록Ⅱ》 緑風出版, 2002).

13) '법정'에 대해서는 다음을 참조할 것. VAWW NET Japan 편 《2000년 여성 국제 전범 법정의 기록》(전6권, 緑風出版, 2000~2002). 동 편 《Q&A 여성 국제 전범 법정 - '위안부' 제도를 어떻게 재판했는가》(明石書店, 2002).

14) 《만화 혐한류2》 제6화. 이하 '법정'에 관한 인용은 《만화 혐한류2》 제6화에 의한다.

15) 이 아베 발언의 문제점 및 이 발언의 직접적 배경이면서 《만화 혐한류2》에서도 화제가 된 '법정'을 소재로 한 NHK 프로그램 개변사건에 대해서는 다음을 참조할 것. VAWW NET Japan 편 《NHK 프로그램 개변과 정치 개입》(世織書房, 2005). 미디어의 위기를 호소하는 시민 네트워크 편 《프로그램은 왜 개찬됐는가》(一葉社, 2006).

16) 앞의 책 《여성국제전범법정의 전 기록 Ⅱ》.

17) VAWW NET Japan 편 《여성국제전범법정의 전 기록 Ⅰ》(綠風出版, 2002)에 일본어역 전문 수록(원문 영어).

18) 민중법정은 국내 법정이나 국제 법정과 달리 법원(法源)의 뒷받침이나 검찰·재판소 등 실력 장치의 뒷받침은 없다. 《만화 혐한류2》는 이것을 빌미로 '민간'에서 하고 있다든가 '법적 구속력이 없다'고 비판하는데, 국가 권력에 의한 구속력이 없는 것은 한계만 의미하는 것은 아니며 오히려 주권국가의 이해를 넘어 시민이 도의적 권위를 획득하기 위한 수단이라고 할 수 있다. 마에다 아키라(前田朗) 《민중법정의 사상》(現代人文社, 2003).

19) 게다가 '법정'은 아미카스 큐리에(법정 조언자)에 의한 일본 정부의 입장 설명 등 피고인이 공정한 재판을 받을 권리, 듀 프로세스(적정 수속)를 확보하기 위한 방법을 취하고 있다.

20) 이하의 인용은 《만화 혐한류2》 제7화에 의한다.

21) 1995년 7월 일본 정부가 '위안부' 문제의 도의적 책임을 인정하는 입장에서 피해 여성에 대해 '국민적 보상의 기분'을 표하기 위한 사업'으로 설립. 민간에서 모집해 '보상금'을 피해자에게 지불하는 등의 사업을 했다.

제III부

재일 한국인과 일본사회

10. 조선인은 전쟁 전 어떻게 일본에 건너왔고 또 어떻게 생활했나?_박정명
11. '해방된' 재일 조선인은 전후를 어떻게 맞이했나?_고바야시 도모코
12. 참정권은 '국민 고유의 권리'인가?_다나카 히로시
13. 다민족 공생사회 속에서 민족학교를 어떻게 생각하면 좋은가?_다나카 히로시
14. 재일 코리안에 대한 차별은 없어졌나?_모로오카 야스코

10. 조선인은 전쟁 전 어떻게 일본에 건너왔고 또 어떻게 생활했나?

박정명 (朴正明)

"재일 조선인이 강제로 연행됐다는 것은 거짓말이다" "자유의지로 돈 벌러 온 것이다"라고 《만화 혐한류》 등은 주장한다. 그러나 전쟁 전 재일 조선인 역사에 대해서는 이미 많은 선행 업적이 있어, 이것을 보면 앞의 논의는 과장이거나 일면적 파악에 지나지 않는다는 것을 알 수 있다. 이 장에서는 최근의 연구 성과[1]를 참조해 다시 한 번 식민지 시대 조선인의 도항사, 일본에서의 생활사를 돌아보면서 이러한 주장의 문제점을 조명해 보고자 한다.

'강제연행의 신화'라는 신화

《만화 혐한류》 등에서는 "(일본 패전 시점에서) 200만 명에 달하는 재일 조선인은 강제연행돼 일본에 끌려온 것이 아니다"(《만화 혐한류》 83쪽)라며 마치 이제까지 터부였던 것을 폭로라도 하듯 도전적으로 강조한다. 그러나 우선 확실히 해둘 필요가 있는 것은, 전 시기의 노동정책으로 동원돼 일본 땅에 그대로 잔류할 수밖에 없었던 사람도 확실히 존재한다는 것, 무엇보다 재일 조선인 1세의 대부분이 전시 노동동원(본문에서는 그것을 구성하는 한 요소인 강제연행을 염두에 두고 사용한다) 이전 시기부터 일본에 재류하던 사람들이라는 견해는 적어도 재일 조선인사 연구 분야에서는 이미 상식에 속한다는 것이다.

한국병합 시점[2]에 약 2,000명(내무성 조사 등에 근거한 수치.[3] 이하 동)이었던 재일 조선인은 제1차 세계대전을 계기로 1910년대 후반부터 1920년대 후반에 걸쳐 급격히 증가했다. 1916년에는 약 5,000명이었던

〈표〉 재일 조선인 인구 추이(1910~1945년, 12월말 현재) (단위:명)

연도	인구 수	연도	인구 수
1910년	2,246	1928년	238,104
1911	2,527	1929	275,206
1912	3,171	1930	298,091
1913	3,635	1931	311,247
1914	3,542	1932	390,543
1915	3,992	1933	456,217
1916	5,637	1934	537,695
1917	14,501	1935	625,678
1918	22,262	1936	690,501
1919	28,273	1937	735,689
1920	30,149	1938	799,878
1921	*37,271	1939	961,591
1922	59,744	1940	1,190,444
1923	80,015	1941	1,469,230
1924	118,192	1942	1,625,054
1925	129,870	1943	1,805,438
1926	143,798	1944	1,901,409
1927	171,275	1945	*1,968,807

전거: 다무라 노리요 '내무성 경보국 조사에 의한 조선인 인구(Ⅰ)'(《경제와 경제학》 46호, 1981년 2월)
(원주) *는 추계치, 1945년은 8월 20일 현재.

것이 이듬해인 1917년에는 약 1만4,000명으로 증가했고 1924년에는 10만 명을, 1931년에는 30만 명을 돌파했다. 중일전쟁 개시 직전인 1936년에는 69만 명에 달했다. 1939년에는 조선인에 대한 일본 본국(내지)으로의 전시 노동동원이 시작돼 약 110만 명(1940)에서 190만 명(1944)으로 증가했다. 전시 노동동원으로만 200만 명 가까운 재일 조선인이 생겨난 것은 아니라는 것은 인구 추이를 보아도 명백하며, 이것은 오늘날까지 특별히 은폐됐던 것도 아니다.

《만화 혐한류》 등은 재일 조선인 측이 "재일 조선인 1세는 모두 강제연행의 피해자"라고 주장한다는 것을 암묵적으로 전제하는 듯 보인다. 그러나 이러한 주장의 존재를 구체적으로 지적하고자 하는 것은 아니다. 사료에 근거해 도항사·형성사를 정리한 재일 조선인의 저작은 1950년대부터 나오기 시작했는데, 재일 조선인의 내력을 전시 노동동원에서만 찾는 저작은 찾기 어렵다.[4] '강제연행의 신화'라는 주장 자체가 신화인 것은 아닐까?

조선인의 일본 도항은 '자기 사정'이었나?

'내지'로 건너온 조선인 중에는 고등교육의 기회를 찾아온 유학생도 있었지만, 노동자의 비율이 가장 높았던 것이 확실하다. 조선인 인구의 70~80%가 농민이었으므로[5] 그 대부분은 원래 고향에서 농업에 종사했다.[6] 따라서 '내지'로의 도항(도일)을 부추긴 가장 큰 요인은 식민지 통치 아래 조선 농촌을 둘러싼 상황이었다. 이 점에 대해 《만화 혐한류》는 "빈곤층 사람들이 가난한 조선으로부터 풍요로운 일본으로 이주하려고 건너왔다"(84쪽)고 간단히 설명한다. 그러나 그 '빈곤'은 기본적으로 식민지 지배의 진전 속에 경작지를 잃는 등 생활기반이 무너져 생활을 지탱할 전망이 보이지 않는 현실이 초래한 것이었다. 게다가 '빈곤'은 통치정책과 관련해 계속 재생산됐다.[7]

도일은 생활의 현상을 타개하거나 생활의 파탄을 막기 위해 찾아낸 하나의 활로였다. 그렇다고 해서 도일이 무한정 가능한 것도 아니었다. 지리·교통(예를 들면 가까이에 조선~'내지' 간 항로를 가진 항구의 존재 유무), 정보량과 수용 태세(친족이나 동향인이 '내지'에 살고 있는지 또는 도일에 관한 정보를 접할 기회의 유무), 돈(도항 관련 비용과 '내지'에서의 당분간 생활비 등 마련 가능 여부) 등의 조건을 갖추어야 비로소 도일이 현실적 선택지로 등장하는 것이다.[8]

게다가 조선인의 도일에는 일본 정부의 도항관리정책[9]이 큰 관문이었다. 일본인에게는 '내지'~조선 간 왕래에 특별한 제한이 없었던 데 비해 조선인의 왕래는 자유롭지 못했다. '내지'로 건너가기 위해서는 사전에 경찰당국의 증명서를 발급받아야 했다. 일본 정부는 주로 치안 확보라는 관점에서 그때그때의 상황에 따라 '내지'로 들어오는 조선인을 '선별'하고자 했다. 때문에 희망자에게 모두 도일이 허용된 것은 아니었다. 도항 규제를 무시하고 '내지'로 향하는 조선인도 속출했는데, 그 배경에는 고향을 떠나는 사람들을 끊임없이 만들어내는 조선 농촌의 빈곤이 강력하게 작용했다.

《혐한류 실천 핸드북 반일망언 격퇴 매뉴얼》은 전전(戰前) 시기의 도일에 대해 "자기 의지로 도항했다"고 주장한다(79쪽). 그러나 '직업 선택의 자유' '거주지 이전의 자유'가 보장된 지금도 본인의 의지와 실제로 눈앞에 있는 선택지 사이에는 종종 차이가 있다. 원래 사람이 살아가는,

혹은 연명하는 데 있어서 선택은 개개인의 생활환경, 그것을 둘러싼 사회 상황이나 국가의 제도·정책에 크게 제약받는 것은 옛날이나 지금이나 마찬가지다. 한 사람 한 사람의 '자기 책임'으로 돌려서 끝날 문제가 아니다.

일본에서 개척한 생활권

조선인의 도일에는 '내지' 기업 측의 '자기 사정'도 관련돼 있었다. 특히 제1차 세계대전에 따른 호황은 노동력 부족을 초래했다. 때문에 '내지' 기업은 조선인을 저임금 노동자로 적극적으로 받아들였다. 이들 대부분은 토목건축·탄광·공장 등 비위생적이고 위험이 상존하는 현장에 배치돼 육체노동·저변노동에 종사했다. 조선인 고용은 극히 불안정했는데, 불황기에도 생산비용을 억제하기 위해 조선인을 필요로 했던 측면도 있다.

재일 조선인은 노동현장에서 항상 실업·노동재해·질병에 노출됐을 뿐 아니라 입주조차 거절당하는 경우가 많았다. 이에 대해 조선인들은 독자적 노력을 거듭했다. 노동현장 단위로 공제 조직을 비롯해 동향 출신자나 근처 거주자 간 상호 부조 조직을 많이 만들었으며, 노동현장에 가까운 장소나 하천부지·매립지·저습지 등을 중심으로 집단 거주지를 형성했다.[10] 집단 거주지의 확대에 따라 조선인을 대상으로 한 식재·물품을 취급하는 가게·음식점·공장을 경영하는 조선인도 등장해 다채로운 상공 서비스 사업이 전개됐다. 이러한 조선인 단체와 집단 거주지는 새로운 도일자에게 의식주와 일자리를 융통해 주는 장소였다.

조선인에 대한 시선과 대우가 좋지 않던 '내지'에서 재일 조선인은 서로 도우면서 생활의 기반을 잡을 수밖에 없었던 것이다.

조선인의 도일은 애초에는 돈을 벌기 위해 혼자 오는 형태가 많았다. 그러다 1920년대부터 1930년대 전반에 걸쳐 '내지'에서 그럭저럭 살아갈 수 있게 된 사람들 중 고향의 가족을 부르거나 새로 가정을 꾸미는 등 '내지'를 주요 생활 터전으로 굳히는 사람도 늘게 됐다.[11] 그러나 다른 한편으로는 엄격한 도항관리정책 아래서도 일시 귀향했다 다시 '내지'로 돌아오거나 도일해 단기 체류한 후 귀향하는 등 고향과의 왕래가 유지돼 조선과는 관념적이 아닌 실질적 관계를 맺고 있었다. 또 장기체류자의 존재가 지연·혈연을 통해 새롭게 조선에서 오는 사람을 수용하는 역할을 해 1930년대 중반에는 전자가 70~80%, 후자가 20~30%의 비율을 나타냈다.[12] 장기체류자와 집단 거주지를 매개로 조선과 '내지' 사이를 사람·물건·돈·정보가 끊임없이 오가면서 '국경에 걸친 생활권'[13]이 형성됐다. 식민지 지배하에서 강요된 결과라고는 하지만, 이렇게 성립된 생활 형태는 일본 패전 후 새로운 국경선 설정에 의해 사라져 버린다.

재일 조선인과 일본사회

'강제연행의 신화'라는 주장 자체가 신화라는 점은 이미 언급했다. 그러나 아직도 학교교육에서 "재일 조선인은 강제연행된 사람들과 그 자손"이라고 설명한다는 말도 들린다. 이는 연구 성과가 사회에 잘 전달되지 않았다는 의미이기도 한데, 이 점은 연구·교육에 종사하는 사람들에게 계속 과제로 남아 있다. 이렇게 된 데는 학교 현장에서 재일 조선인의 역사를 알고 거기에 대한 충분한 배려가 없던 것도 한 요인이다.

예를 들면 중학교 역사 교과서의 경우 조선관계 기술의 대부분이 한국병합 ~ 3·1운동 ~ 관동대지진 때의 조선인 학살 ~ 황민화정책·전시동원 같은 흐름으로 기술돼 있다. 이 중 재일 조선인에 관해서는 관동대지진·전시동원 부분에 언급이 있을 뿐이다. 또 공민 교과서에서도 재일 코리안을 오로지 전시 노동동원에만 관련시켜 설명하려는 경향이 보인다. 이러한 기술 방식으로는 단편적 형태의 이해와 오해를 이끌어내기 쉽다.

재일 조선인의 역사를 전하기 위해서는 이러한 점과 점을 연결하는 기술 – 도항·생활사가 필수불가결하다. 교과서 본문에 넣기 곤란하다면 본문 기술에 없는 것을 보완하기 위한 방법을 검토해야 할 것이다.[14]

재일 조선인의 발자취는 단순한 과거의 한 단면으로 흘려버려서 될 일이 아니다. 일본과의 관계에 한정해 보더라도 근대 일본의 산업 전개와 각종 인프라 정비를 비롯해 노동운동·문화활동 등에 끼친 재일 조선인의 역할은 상당히 컸으며, 각 지역에서 여러 형태로 재일 조선인의 발자취를 확인할 수 있다. 한편 단순 비교할 수는 없지만 현재 일본에 재류하는 외국인 노동자가 직면한 많은 곤란 속에는 일찍이 전전 시기 재일 조선인이 부닥쳤던 벽과 같은 문제도 많다. 전전 시기 재일 조선인의 발자취 속에 존재하는 문제는 결코 《만화 혐한류》 등이 제시하는 주장처럼 왜소화할 정도로 빈약하지 않다.

주

1) 최근 식민지 시기의 재일 조선인사에 관한 연구서와 개설서의 간행이 이어지고 있다. 1990년대 후반 이후의 주요 단행본만 해도 니시나리타 유타카(西成田豊)의《재일 조선인의 '세계'와 '제국 국가'》(東京大学出版会, 1997), 가와 메이세이(河明性)《한인 일본이민 사회경제사(전전편)》(明石書店, 1997), 스기하라 도오루(杉原達)《월경하는 백성》(新幹社, 1998), 히구치 유이치《일본의 조선·한국인》(同成社, 2002), 김찬정《재일, 격동의 백년》(朝日新聞社, 2004), 도노무라 마사루《재일 조선인사회의 역사학적 연구》(綠蔭書房, 2004) 등을 들 수 있다. 이하 지면관계상 전거를 하나하나 들 수는 없지만 본문의 기술은 이러한 수많은 성과에 힘입은 바 크다는 것을 밝혀 둔다.

2) 한국병합 이전부터 유학생 외에 토목공사·탄광작업 노동자로 일본에 와 있던 사람들도 확인된다(고마쓰 히로시 외 편《'한국병합'전의 재일 조선인》明石書店, 1994).

3) 다무라 노리유키(田村紀之)〈내무성 경보국 조사에 의한 조선인 인구(Ⅰ)〉《경제와 경제학》 46호, 1981년 2월) 59쪽. 내무성은 경찰·토목·위생·지방행정 등을 관할하는 행정기관으로 경보국은 치안담당 부국.

4) 예를 들면 임광철〈도항사〉《민주조선》 33호, 1950년 7월), 동〈재일 조선인 문제〉《역사학연구 특집호 조선사의 제 문제》 1953년 7월), 강재언《재일 조선인 도항사》(조선연구소, 1957년 3월), 박재일《재일 조선인에 관한 종합조사연구》(新紀元社, 1957년 6월) 등이 있다. 또 박경식《조선인 강제연행의 기록》(未來社, 1965)에서도 간결하지만 1910~38년에 걸친 도항·생활사를 언급했으며, 재일 조선인에 대해서는 "일본제국주의의 조선 지배로 고향을 쫓겨나거나 혹은 태평양전쟁을 위해 강제적으로 연행된 자 및 그 자손"이라고 정의했다(같은 책, 334쪽).

5)《조선총독부 통계연보》에 따르면 조선인 호주의 직업 중 농림업의 비율은 1918년 단계에서 약 84%, 1926년 80%대, 1940년 70%대였다(호리 가즈오《조선 공업화의 사적 분석》有斐閣, 1995, 92쪽).

6) 예를 들면 도쿄부의 경우 고향에서의 직업이 농업인 비율은 도쿄부 사회과《재경조선인 노동자의 현상》(1927)에 따르면 '기혼자' 82%, '독신자' 약 85%, 같은 책 1935년 판에서는 '기혼자' 약 90%, '단독자'가 약 80%를 차지한다.

7) 구체적으로는 이 책 4장 '식민 지배는 조선을 잘살게 했나?' 주1)의 히구치 유이치의 책 제1장을 참조할 것.

8) 식민지 시기 도일자의 출신지는 경상남도·경상북도·전라남도(당시는 제주도를 포함했다)에 집중돼 있었다. 그 요인으로는 이들 지역이 농촌지역으로서 궁핍에 따른 농민의 몰락이 현저했다는 점, 부산(경상남도)·제주도와 '내지' 사이에 직통 항로가 개설돼 있었던 점 등을 들 수 있다. 또 경상남도의 한 농촌을 대상으로 한 1935년 조사 결과를 보면 우선 '내지'에서 토목청부업으로 기반을 잡은 같은 마을 출신자의 부름에 따라 1920년대 중반 이후 도일자가 증가하고 있고, 1920~30년대의 도일자 대부분이 소작지도 거의 갖지 못한 '최저변층'의 '농업노동자'보다 '영세 순소작농' 층에서 나타나고 있는 것을 알 수 있다(가지무라 히데키〈1920~30년대 조선 농민 도일의 배경〉《재일 조선인사 연구》 6호, 1980, 59·61쪽).
고향에서 머무를 수 없는 상태로 몰락한 사람들은 도일 외에는 산림에 들어가 화전을 하는 '화전민'이 되거나 도시로 나가 슬럼에 거주하는 '토막민'이 될 수밖에 없었다. 그렇지 않으면 중국 동북부나 러시아(소련)령을 목표로 유랑하기도 했다(이 책 4장 '식민 지배는 조선을 잘살게 했나?' 참조).

9) 3·1운동(1919)이 일어나자 경찰이 발행한 '여행증명서' 소지자에게만 해외 도항을 인정하는 조치가 취해졌다. 이것은 1922년 폐지됐다가 관동대지진(1923)에 따른 일시적 도일 금지를 거쳐 부활했다. 1924년 도항제한 철폐가 결정됐는데, 실질적으로는 종래의 증명서 제도가 유지됐고, 또 1925년에는 부산에서의 도항 저지가 시작됐다. 이어 1929년 일시 귀향하는 재일 조선인에 대해 경찰이 '내지' 재도항 증명서를 발급하는 제도가 생겼다. 1934년에는 '조선인 이주 대책의 건'이 각의결정돼 조선인의 '내지' 도항 억제와 재일 조선인의 '융화' 촉진을 꾀하는 방침이 나왔다. 이것은 전시인 1942년 '내지'로의 조선인 동원을 강화하는 새로운 각의결정인 '조선인 노무자 활용에 관한 건'에 의해 폐지됐다. 자세한 것은 김광열 〈전간기(戰間期) 일본의 조선인 도일 규제정책〉(《조선사 연구회 논문집》 35집, 1997)과 주1)의 도노무라 마사루의 책을 참조할 것.

10) 조선인 집단 거주지는 소유 관계가 확실하지 않은 토지나 폐옥을 이용해 형성되는 경우가 많았는데, 때로는 '불법점거'라고 해서 강제퇴거 등의 행정조치가 취해지는 일도 있었다. 그렇지만 이러한 '불법점거'는 조선인은 입주 차별 등으로 거주 공간을 얻을 기회가 극히 한정됐던 것의 반영이기도 하다.

11) 국세조사에 근거한 성별·연령별 인구 구성 변화를 보면 15~34세 남성의 비율이 1920년에는 75%였던 것이 1930년에는 약 50%, 1940년에는 약 30%로 저하하는 한편 유아·여성의 비율이 증가하는 경향이 확인된다(주1)의 도노무라 마사루, 앞의 책, 90~92쪽). 여성과 어린이에 의한 노동이 가정의 생계를 적지 않게 지탱했던 것도 무시할 수 없다.

12) 주1)의 도노무라 마사루, 앞의 책, 96쪽.

13) '국경에 걸친 생활권'은 가지무라 히데키 〈정주 외국인으로서의 재일 조선인〉(《思想》 734호, 1985년 8월)에 나오는 용어다. 가지무라는 여기서 일본 패전 후 고향과 거주지가 국경으로 분단되는 가운데 혈연 등을 매개로 고향과 관계를 유지하는 생활이나 의식이 재일 조선인 속에서 생겨났다는 것, 그리고 이전 일본의 조선 지배가 이러한 '국경에 걸친 생활권' 형성과 유지를 전후에도 여전히 재일 조선인 대부분에게 강요했다고 주장한다(25~26쪽). 또 식민지 시기의 조선은 일본 영역에 편입돼 있었기 때문에 일본과 조선 사이에 '국경'은 존재하지 않았는데, 도항 규제가 조선인에게는 '국경'에 가까운 기능을 했던 측면도 있다. 급한 일로 재도항 허가를 받을 여유가 없이 조선에 일시 귀향했다 '내지'로 돌아오지 못해 생활이 파괴된 경우도 있었다(〈京阪神 조선인문제좌담회 ④〉, 《조선일보》(1936년 5월 3일), 《재일 조선인사 연구》(22호, 1992) 132~133쪽에 번역돼 실림.

14) 지금까지 부교재는 몇 가지 작성됐는데, 최근 간행된 《역사 교과서 재일 코리안의 역사》(明石書店, 2006)는 획기적 성과다. 그러나 전전 시기 부분에 대해 말하자면 도항·생활사가 칼럼으로 돼 있어 본문에 반영되지 않고 있다는 문제가 있다.

11. '해방된' 재일 조선인은 전후를 어떻게 맞이했나?

고바야시 도모코 (小林知子)

1945년 일본은 아시아태평양전쟁에 패해 연합국에 점령됐다. 조선은 해방돼 그때까지의 독립운동을 기초로 새로운 국가 건설 움직임을 본격화했다. 당시 일본(내지)에는 약 200만 명의 조선 출신자가 있었다. 이들 재일 조선인은 일본의 패전과 조선의 해방을 맞이한 후 '장래'를 어떻게 생각했을까?

《만화 혐한류》 등은 조선으로 돌아갈 수 있었음에도 그렇게 하지 않은 조선인이 각지의 암시장 등에 관여한 결과 일본인의 인상을 나쁘게 하고 편견을 초래했다고 강조한다.

그러나 과연 재일 조선인은 쉽게 조선으로 돌아갈 수 있는 상황이었을까? 또 일본은 패전을 계기로 전전부터 존재했던 재일 조선인에 대한 뿌리깊은 차별과 편견을 공적으로 시정하려고 했을까?

전후에도 일본에 머무르게 된 조선인은 약 60만 명. 도대체 재일 조선인은 무엇을 원하고, 어떤 일에 매달려 있었던 것일까?

'해방!' – 돌아가고 싶어도 돌아갈 수 없다

일본의 패전은 재일 조선인 대부분에게 '독립이다, 이제는 조선에서 살 수 있다'는 기쁨을 실감하게 했다.[1] 그와 동시에 관동대지진을 상기시켜 그때와 마찬가지로 일본인들이 패닉 상태에 빠져 습격하는 것은 아닌가 하는 불안도 갖게 했다. 재일 조선인들은 조선으로 돌아가기 위해 줄지어 인양 항구로 향했다.

그러나 GHQ와 일본 정부는 항구로 쇄도하는 사람들을 앞에 두고도 좀처럼 송출 대책을 세우지 않았다. 우선 복원 군인이거나 '집단 이입자'(피강제연행자) 등의 계획적 수송을 우선해 연락선에 탈 수 있는 사람은 제한됐다.[2] 게다가 금품 소지 제한이 엄격했다. 당초 휴대가 허용된 것은 현금 1,000엔과 짊어질 수 있을 정도의 수하물뿐이었다. 그것만으로는 귀환 후의 생활이 어려웠다. 귀국의 발길은 서서히 지체됐다.

게다가 조선의 불안정한 정세가 전해졌다. 미군정이 들어선 남반부[3]에서는 인플레이션이 기승을 부려 풍작임에도 정책 부재로 식량난을 초래하는 상황이었다. 1946년 봄 이후 송출체제가 겨우 정비됐을 무렵에는 조선에서의 콜레라 발생에 따른 출입국 규제가[4] 더해져 귀국의 발길은 거의 멈추고 말았다.

재일 조선인 중에서 전후에도 일본에 남아 있기를 희망한 사람은 1946년 3월 후생성 조사[5] 결과 등록자의 20%인 약 13만 명에 지나지 않았다. 그 3배 이상 되는 사람은 귀환 의지가 있으면서도 우선 일본에 잔류할 수밖에 없다고 판단했다. 고향에 생활 기반이 부족한 사람들이 많아 조선으로 돌아갔다 다시 일본으로 돌아오는 사람도 생기기 시작했다.

전후 재일 조선인의 지위

도대체 재일 조선인은 전후 국제적으로 어떤 존재로 인식됐을까? 카이로선언[6]에 따라 조선이 '해방된 나라'로 규정된 것처럼, 점령군은 재일 조선인을 '해방된 민족(liberated people)'으로 처우하도록 명령받았다.[7] '해방됐다'는 말에는 일본 통치의 노예적 상태로부터 자유를 회복한다는 뜻이 포함돼 있었다. 조선과 조선인이 일본으로부터 '해방된' 존재라는 사실을 인식하고 존중하는 것이야말로 패전 후 일본이 옛 식민지 조선 및 조선인과의 관계를 재구축하는 데 무엇보다 중시해야 할 기본 조건이었다.

그러나 실제로 일본 정부와 GHQ가 카이로선언과 포츠담선언에 의거해 재일 조선인의 민족적 권리를 회복하고 보장하기 위한 대책을 강구했다고는 말하기 어렵다. 일본 정부는 국제법적으로 강화조약 체결 때까지는(원칙적으로는 한반도에 있는 사람까지 포함해) 국적의 변경을 인정하지 않고 재일 조선인을 일본 국적자로 간주했다. 그러나 가까운 장래에 있을 귀속의 변화를 이유로 일본인과 같은 '국민의 권리'는 인정하지 않았다.[8] 또 GHQ의 '해방됐다'는 의미에서의 재일 조선인에 대한 처우는 일본 정부의 비용으로 귀국할 기회를 제공하는 것에 그쳤다. GHQ는 귀환을 거부하는 사람은 일본 법규에 따라야 한다고 명언하고 일본 정부에 의한 재일 조선인의 관리·통제를 인정했다.

즉, 재일 조선인은 '해방된' 존재로서의 '특권'은커녕 일본 국적자로서의 권리도 누릴 수 없었다. 패전을 맞이하고도 전전부터 계속되던 재일 조선인에 대한 차별과 편견을 시정하는 공적 시책은 나오지 않았다. 더구나 재일 조선인의 피차별적 상황은 국회에서도 조장됐다. 1946년

오무라 세이이치(大村淸一) 내상과 시이쿠마 사부로(椎熊三朗) 의원 등이 조선인과 대만인의 '암시장' 활동과 '밀항' 등을 비난하면서 '제3국인'[9] 이라는 말을 사용했고, 이 차별적 표현을 매스컴이 만연시킨 것은 그 상징이라고 할 수 있다. 재일 조선인은 패전 후 일본인의 생활고 등 불만의 배출구로서 희생양이 됐던 것이다.

경제적으로도 대부분의 재일 조선인은 전전에 근무하던 직장에서 쫓겨나 극히 궁핍한 생활을 하고 있었다.[10] 정말 살기 위해 '암시장'에서 조그만 장사를 하는 재일 조선인도 있었지만 '암시장'에 종사하던 사람은 당연히 일본인 쪽이 더 많았다. 도시에서는 이러한 시장이 없으면 일본인도 생활할 수 없었다.

그러나 《만화 혐한류》는 이러한 배경은 말하지 않는다. 다만 피해망상적으로 조선인의 행동을 '승전국민'인 체한다며 모멸함으로써 재일 조선인이 다름 아닌 일본의 식민 지배에서 '해방된' 존재라는 일·조 관계의 대전제를 무시했던 것이다.

재일 조선인은 무엇을 원했나?
– 무엇이 '불법행위'로 간주되었나?

재일 조선인은 8·15 이후 귀국 준비와 생명·재산 수호를 위해 각지에 만든 상호 부조 모임을 기초로 1945년 10월 전국적 조직의 민족단체인 재일본조선인연맹(조련)을 결성했다. 귀국 지원이 일단락되자 조련은 재일 조선인의 생활권 옹호를 외치며 민족적 권리의 회복과 보장을 요구하는 활동에 착수했다. 특히 힘을 쏟은 것은 민족교육이었다. 학교는 귀국에 대비해 말을 배우고, 나아가 민족의 문화와 역사 그리고 자기 존엄을 회복하는 장이었다.

재일 조선인은 또 새로운 국가 건설을 둘러싼 한반도 정국에도 큰 관심이 있었다.[11] 조련은 일본 제국주의의 잔재가 일소돼 일본이 두 번 다시 조선을 침략하지 않는 나라가 되는 것이 신조선 건설에 이바지한다고 생각했다. 그런 의미에서 일본의 민주화는 재일 조선인에게 자신의 생활권 옹호를 위해서뿐만 아니라 조선 건국운동의 일단을 담당하기 위해서도 중요한 민족적 과제였다.[12]

그런데 일본사회는 재일 조선인이 입에 풀칠하기 위해 '암시장'에 관계하고, 미지불 임금[13]을 요구하며, 식민 치하에서의 부당행위와 '친일' 행위를 둘러싸고 대립하는 것을 '불법행위' '폭력행위'로 인식했다. 또 GHQ와 일본 정부는 미·소 냉전이 격화하는 속에서 자신에게 비판적인 언동은 '공산주의적'으로 간주해 경계·통제하는 경향을 강화했다. 일본의 민주화를 둘러싸고 조련이 일본공산당과 자주 보조를 맞춘[14] 것에도 과잉반응을 나타냈다. 재일 조선인이 주장하는 통일국가 수립은 귀국 촉진을 위해서도 중요했으며, 민족적 권리의 회복·보장 요구는 '해방 민족'으로서 당연한 것이었지만 이에 대해 경계를 늦추지 않았다.

조선 분단의 위기가 닥쳐오고 있던 1948년 1월 일본 정부는 조선어와 민족문화를 배우는 조선인학교에 신교육법규 준수(일본어에 의한 교육, 정규 과목은 일본인과 동일 내용)를 요구하고, 이에 따르지 않을 경우 학교를 폐쇄하겠다고 통고했다. 자식을 위해 만든 학교가 폐쇄되는 사태에 대해 각지에서 민족교육 옹호 움직임이 고양됐는데, 그것은 '불법행위' '공산주의자가 선동한 움직임'이라 하여 탄압받았다. 미국은 이러한 움직임을 조선의 5월 10일 총선거 반대에 연동하는 동향이라고까지 생각했다. 그리하여 1949년 9월 결국 조련은 '단체 등 규정령'(후의 파괴활동방지법)에 의해 강제해산됐다.[15]

민족적 권리 회복의 상징이던 학교의 강제 폐쇄와 상호 부조 단체였던 조련의 해산은 재일 조선인의 큰 저항을 불러일으켰다. 그 취소를 요구하는 재판이 한창 진행 중이던 1950년 6월 한국전쟁이 발발했다. 친족과 친구가 사는 고향이 전장으로 변하는 사태에 일부 재일 조선인 젊은이들은 조국 방위 의식을 높였다. 일본에서 반전을 외치며 일본이 미군의 보급기지가 되는 것을 몸을 던져 저지하려는 사람도 있었다. 그러나 점령하의 일본에서는 반전 전단지를 소지하는 것조차 점령정책 위반의 '비합법 활동'으로 간주됐다. 한편 의용병으로 유엔군에 참가한 젊은이도 있었다. 그런 가운데서도 대부분의 사람은 전황을 지켜보면서 자신의 생활을 지키기에 필사적이었다.

한편 일본 정부는 한국전쟁에 따른 난민 유입을 경계해 출입국 관리를 한층 강화했다. 또 전쟁은 대일 강화 문제를 급진전시켰다. 멀리 강화 후를 내다본 입관법제의 정비는 재일 조선인에게는 강제 추방의 현실화를 의미했다.

대일 강화조약 발효와 분단체제의 고정화 속에서

1952년 4월 28일 강화조약 발효에 따라 재일 조선인은 일제히 일본 국적을 상실했다고 일본 정부는 간주했다. 재일 조선인의 처우에 대해서는 한일회담[16]에서 논의가 시작되고 있었지만, 당시는 아직 한국에 주민등록한 사람이 적어(표 참조) 회담 결과 한국 국적이 일제히 부여되는 것 아닌가 하는 경계심을 갖게 했다. 통일국가 수립을 기대하던 재일 조선인들의 뜻에 반해 분단을 전제로 한 국적 선택이 요구됐다.

어쨌든 조약 발효 후 일본은 식민지 지배구조 속에서 도일해 전후에도 잔류할 수밖에 없었던 재일 조선인에 대해 '해방된' 존재로서의 역사성을 고려하기는커녕 일본 국적자가 아니라는 이유로 당연히 보장해야 할 민족적 권리와 기본적 인권마저 침해했다. 실질적으로 재일 조선인 대부분은 무국적자가 돼[17] 체류 자격도 정해지지 않은 채 퇴거 강제 조항을 가진 입관령을 적용받게 됐다.[18] 조약 발효 3일 후인 소위 '피의 메이데이'에 재일 조선인이 외치던 것은 강제추방 반대, 한일회담 반대였다.[19]

1953년 7월 한국전쟁은 휴전했지만 국토의 황폐와 분단체제의 고착화에 의한 생활난이 더해져 재일 조선인은 귀국을 더욱 미룰 수밖에 없었다. 남북 분단과 일본의 입관법제의 벽, 일본과 조선의 관계 속에서 형성돼온 재일 조선인의 '국경에 걸친 생활권'[20]은 동아시아의 냉전 속에서 당사자에게는 아무런 배려도 없이 비인도적으로 차단됐다. 휴전

(표) 외국인등록 국적란에 있어서의 한국과 조선

구 분	한 국		조 선	
	인 수	%	인 수	%
50년 3월 말	39,418	7	495,818	93
50년 말	77,433	14	467,470	86
51년 말	95,157	17	465,543	83
52년 9월 말	116,546	20	454,462	80
53년 말	131,437	24	424,653	76
55년 1월	138,602	25	425,620	75

(모리타 요시오 《재일 조선인 처우의 추이와 현상》 1955)

후에도 도일자는 끊이지 않았지만, 가족·친족을 찾기 위한 이동조차 종종 '입관법 위반' '밀항'으로 국가 관리 아래 통제됐다.[21] 그 후 귀향이나 묘소 참배를 위해 한국 국적을 취득하는 재일 조선인이 점차 늘어났는데, 자유로운 왕래를 보장받지 못하고 교육탄압으로 민족의 언어와 문화의 계승도 어려웠던 만큼 상당한 결의가 없으면 귀국은 더욱 힘들어졌다.[22] 이러한 상황에서 재일 조선인은 한반도의 남북 대립에 기인한 문제, 일본사회에서의 빈곤과 무권리, 계속되는 차별에 시달렸으며 한반도 분단과 입관법제의 존재에 대한 의문을 던지면서 '재일' 의식도 양성해 갔다.

일본 패전 직후 '해방된' 존재였던 재일 조선인이 겪은 체험은 전후 일본과 조선의 관계 재구축을 상징하는 것으로, 현재의 재일 조선인과 일본 사회 그리고 한반도의 관계를 생각할 때도 중요한 의미를 지닌다. 그러나 아직도 많은 일본인은 이를 인식하지 못한다. 《만화 혐한류》처럼 당시 재일 조선인의 행동을 자의적으로 연관지어 비난할 것이 아니라, 그 체험의 내실을 역사적·구조적으로 인식해 다음 장 이후에서 다루는 것과 같은 현재의 구체적 문제의 원점으로서 다시 파악할 필요가 있을 것이다.

▶ 주

1) 당시 이미 일본에서 태어난 2세도 많아 황민화 교육을 받고 자란 청소년들은 조선 해방의 기쁨을 바로 실감할 수 없었다.

2) 그래도 11월 말까지 80만 명 정도가 스스로 작은 배를 수배해 조선으로 돌아갔는데, 도중에 목숨을 잃은 사람도 적지 않다. 태풍재해 외에 '우키시마마루(浮島丸) 사건' 같이 배가 폭침당해 500명을 넘는 사망자가 발생한 대참사도 일어났다.

3) 일본군 무장해제를 위해 진주한 미군은 군정청을 설치하고 조선 남반부를 직접 통치했다. 재일 조선인 95% 이상의 출신지는 남반부였다.

4) 콜레라 발생으로 출입국관리체제가 강화돼 사세보(佐世保) 인양원호국에는 '불법입국 조선인 억류수용소'가 설치됐다(이 수용소는 6·25 때 이전해 '오무라(大村)수용소'가 됐다).

5) 1946년 2월 GHQ 지령 '비일본인 귀환 희망 등록 조사'를 받아 실시됐다. 구체적 인원은 김영달 〈자료 해방 직후의 인구조사에 따른 도도부현(都道府県)별 재일 조선인 수〉(《재일 조선인사 연구》 제25호, 1995년. 《김영달 저작집Ⅲ》(明石書店, 2003년에도 수록)을 참조할 것.

6) 일본은 포츠담선언 제8항에 기초해 카이로선언의 이행을 수락했다. 카이로선언에서는 '조선 인민의 노예 상태에 유의하고 바로 조선을 자유독립국으로 한다'고 돼 있다.

7) '일본 점령 및 관리를 위한 연합국 최고사령관에 대한 항복 후 초기의 기본적 지령'(1945년 11월 1일)에서는 "귀관은 군사상 안전이 허용하는 한 중국인인 대만인 및 조선인을 해방 민족으로 처우해야 한다. 그들은 이 지령에 사용된 '일본인'이라는 용어에 포함되지 않는다. 그러나 그들은 일본의 신민이었기 때문에 필요한 경우 적국인으로 처우해도 좋다"고 기술돼 있다.

8) 일본은 1945년 말 선거법 개정에 따라 전전까지 인정했던 재일 조선인의 참정권을 '정지'하고 1947년 5월에는 '외국인으로 간주한다'고 하여 외국인 등록을 명령했다. 재일 조선인 가운데는 재판으로 일본에서 강제 퇴거를 명령받은 경우도 있었고, 도일자도 일본 국적자임에도 일반적으로 '불법입국사' '밀항자'로 치우 받았다.

9) '제3국인'이라는 말은 GHQ가 정의하고 사용하기 시작했다는 설도 있는데, 근거가 되는 문서는 없다. 미즈노 나오키 〈제3국인의 기원과 유포에 대한 고찰〉(《재일 조선인사 연구》 제30호, 2000) 및 우쓰미 아이코(内海愛子) 외 《'3국인' 발언과 재일 외국인》(明石書店, 2000) 등을 참조할 것.

10) 1957년에 나온 박재일 《재일 조선인에 관한 종합조사 연구》(新紀元社, 綠蔭書房 복간)는 전전·전후의 재일 조선인 취업 상황을 분석하는 등 당시의 생활 전반에 관한 중요한 기초연구이다. 박재일은 전쟁 직후의 대량 귀국도 일제 해고가 일부 영향을 주었다고 생각한다. 또 《만화 혐한류》에서는 "많은 조선인이 일본인과 마찬가지로 회사원이나 공무원으로" 근무했다고 말하는데, 이는 사실과 다르다. 1951년 말 국가공무원은 약 80명에 지나지 않았고(우정성 직원 등. 그 중 약 50명은 강화조약 발효에 즈음해 귀화), 교원(공립 민족학급도 약간 있었다)을 제외하면 지방공무원도 극히 소수였다.

11) 조선이 미·소 분할점령에 놓인 것에 불만을 품고 자주독립을 외친 민족주의 청년들은 조련에 대항해 1945년 11월 '조선건국촉진청년동맹'을 결성했다. 1946년 10월 결성된 '재일본조선거류민단'(현재의 재일본 대한민국 민단)의 초대 단장 박열은 이승만을 지지했다. 반 조련 입장인 민단은 상호 부조 단체로서의 대중 기반은 약했지만 후에 한국정부 공인 단체로 재편돼 서서히 단원을 늘려 갔다.

12) 조련은 일본에서의 선거권 · 피선거권 요구 운동도 전개해 그것을 둘러싼 논의가 있었는데, 참정권 요구자는 그것을 외국인 시민으로서 일본의 민주화를 추진하기 위해서라고 주장했다.

13) 이 책 8장 '조선인 강제연행은 없었나?'를 참조할 것.

14) 재일 조선인은 일반적으로 반제국주의와 식민지 독립을 외치는 사람에게 친근감과 경의를 표했다. 공산주의자에 대해서도 마찬가지였다. 전후 정치범이 석방됐을 때 마중 나온 사람은 대부분 조선인이었다는 사실이 많이 회자했다. 전전 이후의 운동 상황을 이어받아 전후 1955년까지 재일 조선인 공산당원은 거주지에 있는 일본공산당에 소속돼 있었다. 조련은 상호 부조적 민족단체였지만 조련 간부 중에는 공산당원이 많았기 때문에 조련을 공산당과 동일시해 비판하는 사람도 있었다.

15) 1948년 8월 성립한 대한민국 정부를 미국이 후원한 데 반해 조련은 동년 9월 성립된 조선민주주의인민공화국 정부를 지지했다. 조련이 '단체 등 규정령'에 저촉됐다고 지적된 내용은 북한 국기 게양, 민족교육 옹호투쟁, 생활권 옹호투쟁 등. 이런 것들이 점령정책 위반과 폭력주의적 행위에 해당한다는 것인데, 이러한 평가의 부당성과 조련의 모든 활동의 내실에 대해서는 다시 검증할 필요가 있다. 그 실증적 검증의 하나로 정영환 〈해방 직후 재일 조선인 자위조직에 관한 일고찰〉(《조선사연구회 논문집》 44집, 2006)이 있다.
또 조련의 해산으로 민족 조직이 없어지면서 재일 조선인과 일본공산당의 직접적 연대가 강화됐다. 입당자가 증가하고 당내에는 민족대책부가 조직됐다. 재일 조선인은 조선의 조국통일민주주의 전선의 동향에 기대하면서 조직 재건에 힘쓰고 있었으며, 한국전쟁이 발발하고 재일조선통일민주전선(민전)이 결성된 것은 1951년이었다.

16) 남북한 모두 강화조약 조인국으로 인정받지 못하자 그 보완을 위해 한일회담이 시작됐다. 한국 정부와의 교섭을 못마땅해 하던 일본 정부는 미국의 압력을 받아 재일 조선인의 처우 문제는 조기에 해결해야 한다는 생각에서 1951년 10월 예비회담 자리에 앉았다.

17) 일본의 외국인 등록 행정상으로는 국적 난의 '조선'이란 한반도라는 지역을 나타내는 기호이지 국적을 나타내는 것은 아니었다.

18) 동시에 외국인등록 시 지문채취제도도 도입됐다.

19) 당시 무장한 경관대가 집단거주지로 쳐들어오는 등의 사건이 빈발해 자위의 필요성을 강하게 느끼고 있었다. 한국전쟁에서는 무차별 폭격에 더해 세균무기 사용도 보도됐다. 이러한 상황에 대한 재일 조선인 일부 젊은이들의 저항의식이 일본공산당의 무장투쟁 전술과 합쳐져 고양된 것이다. 실제의 무장투쟁은 1952년 한 시기에 일어난 것에 불과했지만, 이는 재일 조선인 대중의 위축도 초래했다. 휴전 후인 1955년에는 일본공산당에서 재일 조선인이 탈당하고 민전이 해산돼 재일본조선인총연합회(조총련)가 결성됐는데, 조총련은 공화국으로의 결집과 함께 일본 내정 불간섭을 주장했다.

20) 이 책 10장 '조선인은 전쟁 전 어떻게 일본에 건너왔고 또 어떻게 생활했나?' 주13)을 참조.

21) '불법입국자'로 검거된 사람의 재판 결과에서는 전쟁난민이나 일본에 있는 부모 · 친족을 찾아온 미성년자일지라도 강제퇴거 명령이 내려진 경우가 적지 않다.

22) 국제적십자의 중개로 1959년부터 9만 명이 넘는 재일 조선인이 북한으로 돌아갔는데, 자식이 영원히 일본으로 돌아오지 못하리라고는 생각하지 않았다는 부모도 있다.

12. 참정권은 '국민 고유의 권리' 인가?

다나카 히로시 (田中宏)

참정권은 '국민 고유의 권리'이기 때문에 외국인에게는 지방 참정권도 인정해서는 안 된다는 주장이 있다. 과연 그럴까?

헌법상 문제는 이미 해결됐다

외국인의 지방 참정권 문제를 생각할 때 국정 차원과 지방 차원을 구별할 필요가 있다. 즉, 국정 참정권은 국적을 매개로 하므로 국내외를 불문하고 '국민'에게 인정되며, 지방 참정권은 거주를 전제로 일본 '주민'에게 인정되는 것이라고 생각해야 한다.

이 구별에 대해서는 해외 거주 일본 국민과 비교해 보면 알기 쉽다. 일본 국민이더라도 해외에 거주하면 지방 차원의 참정권은 행사할 수 없다. 해외 거주 일본 국민은 '일본 국민'이지만 '일본 주민'은 아니기 때문이다. 헌법 93조에는 "지방 공공단체의 장, 그 의회 의원…은 그 지방 공공단체의 주민이 직접 이를 선출한다"고 돼 있다.[1]

1990년 11월 이 헌법 93조를 근거로 재일 코리안 11명이 오사카(大阪) 지방재판소에 지방 참정권을 요구해 제소했다. 이 제소에 대해 최고재판소는 1995년 2월 청구는 기각했지만 "법률로 지방 참정권을 부여하는 것은 헌법상 금지돼 있는 것은 아니다. …이상과 같은 조치를 강구할지 여부는 순전히 입법정책에 관한 사항"이라는 판단을 내렸다. 따라서 외국인의 지방 참정권에 대해 헌법상 문제는 없다.[2]

주민투표와 외국인

또 선거는 아니지만 주민투표에서 외국인이 투표하는 것은 이미 일본에서도 일반화됐다. 일본에는 주민투표에 관한 법률은 없고, 각 자치단체가 독자적으로 '주민투표조례'를 제정해 시·초·손(市町村) 합병에 대해 주민의 의향을 묻는 사례가 있었다. 애초에는 같은 '주민' 임에도 외국인에게는 투표를 허용하지 않았다.

그러나 2002년 1월 시가(滋賀)현 마이바라(米原)초에서 초·손(町村) 합병에 관한 의사를 묻는 주민투표조례에서 전국 처음으로 영주 외국인에게 투표 자격을 인정해 같은 해 3월 재일 코리안도 투표를 했다. 이는 큰 파문을 불러일으켰지만, 지금은 영주 외국인에게 투표 자격을 인정하는 주민투표조례가 일반화돼 이미 주민투표를 실시한 자치단체가 과반수에 달한다.

한편 한국에서는 2004년 1월 법률로 지방자치단체에 관한 '주민투표법'이 제정돼 정주 외국인에게 주민투표 청구권 및 투표권을 함께 인정했다. 이후 각 자치단체는 각각 주민투표조례 제정을 시작했다. 일본의 주민투표조례는 특정의 목적을 위한 1회용이 많고 상설형은 적은 데 반해 한국의 조례는 모두 상설형이며 투표 결과가 구속력을 가진다.

한국과 일본의 외국인 지방 참정권

1965년 한일 국교정상화 이후 시작된 민족차별철폐운동[3] 속에서 처음으로 지방 참정권을 언급한 것은 고 최창화 목사였다. 1975년 9월 기타큐슈(北九州) 시장 앞으로 보낸 공개질의서에서 최 목사는 재일 코리안에게 "시의회의원 선거권·피선거권의 인정이 마땅하다고 생각하십니까"라고 지적했던 것이다.

'민족 차별과 싸우는 연락협의회(민투련)[4]'가 1988년 10월 발표한 '재일 구식민지 출신자에 관한 전후 보상·인권보장법(초안)'[5]에는 "특별영주자는 지방자치단체의 참정권을 갖는다"(제10조)는 조항이 포함돼 있어 이러한 생각은 시민운동 차원에서는 일정한 공통 인식이 있었다. 이런 바탕에서 1990년 앞에서 말한 최고재판소 판결을 낳은 오사카의 재일 코리안에 의한 제소가 있었던 것이다.

이어 1991년에는 한일 외무장관 간에 '각서'가 교환됐는데, 그 내용에는 지문채취 폐지, 공립학교 교원과 지방공무원 채용에 대한 개선, 그 밖에 "지방자치단체 선거권에 대해서는 대한민국 정부의 요망이 표명됐다"는 것이 포함됐다. 이어 1998년 10월 일본을 방문한 김대중 대통령은 일본 정부에 외국인의 지방 참정권 부여를 요망함과 동시에 한국에서도 정주 외국인에게 지방 참정권을 부여하겠다는 방침을 표명했다.

일본의 정당으로 처음 외국인의 지방 참정권 문제에 대한 구체적 정

책을 제안한 것은 신토사키가케(新党さきがけ)⁶⁾인데, 법안이 처음으로 국회에 제출된 것은 앞에서 말한 최고재판소 판결 후인 1998년 10월의 민주당 및 공명·평화개혁에 의한 '영주 외국인 지방선거권 부여법안'⁷⁾이었다. 공명당은 당시 야당으로 제안에 가담했는데, 1년 후인 1999년 10월에는 자민·자유·공명 3당 연립정권이 발족하면서 그 정책협정 가운데 공명당의 요망으로 외국인의 지방 참정권 부여가 포함됐다. 그 후 심의가 계속 거듭되기도 하고 국회 해산으로 재제출되기도 하면서 현재에 이르고 있다.

한국에서는 김대중 정권의 뒤를 이은 노무현 대통령 때 제정된 주민투표법에서 전술한 대로 정주 외국인에게 주민투표 청구권 및 투표권을 인정했다. 이어 2005년 6월 현안인 영주 외국인의 지방 참정권 부여에 관한 법 개정이 결국 실현됐다.⁸⁾

내셔널리즘을 넘어서

내가 2005년 10월 일본을 방문한 한국 여당의 문희상 당의장을 만났을 때 외국인의 지방 참정권 문제도 화제가 됐다. 당시 문 의장이 "한국은 일본보다 민족주의가 강하고 배타적 체질을 가진 나라입니다. 그렇기 때문에 더욱 과감하게 지방 참정권 개방 쪽으로 결단을 내렸습니다"라고 한 말이 인상 깊었다.

또 2004년 가을 서울에서 만난 한국 민주노동당의 젊은 국회의원의 다음과 같은 말도 기억난다. "이 나라는 전부터 화교를 심하게 차별했습니다. 이 나라가 참된 민주주의를 달성하기 위해서는 외국인의 인권 보장을 추진해야 합니다. 지방 참정권 개방은 그 하나의 상징이라고 생각합니다." 두 사람의 말은 모두 한국이 영주 외국인에게 지방 참정권을 개방하게 된 배경을 설명해 준다.

그러나 재외투표의 경우 한국에서도 논의는 있었지만 아직 실현되지 못하고 있다. 그 점에서는 일본 쪽이 한걸음 앞서 나가는 셈이다. 만약 한국에서 재외투표가 실현되고 일본에서 외국인의 지방 참정권이 실현되면 완전히 새로운 참정권의 형태가 생겨나게 된다. 즉, 재한 일본인(영주자)은 국정 차원에서는 일본에 투표하고 지방 차원에서는 한국에 투표한다. 한편 재일 코리안(영주자)은 국정 차원에서는 한국에, 지방 차원에서는 일본에 투표하는 것이다. 그러나 현재는 일본인 쪽은 이미 양쪽 다 실현됐지만 재일 코리안 쪽은 아직 어느 쪽도 실현되지 못하고 있다.

유럽연합(EU)은 이미 외국인의 지방 참정권을 상호 개방했다.[9] 아시아의 장래에 대해서도 '동아시아공동체' 라는 방향이 논의되게 됐다. 일본에서도 외국인의 지방 참정권이 개방되면 한·일 간에 '작은 EU' 가 탄생하게 돼 동아시아공동체를 향한 작은 한걸음이 될 것이다.

▶ 주

1) 지방 참정권을 둘러싼 기본적 논점에 관해서는 다나카 히로시 《Q&A 외국인의 지방 참정권》(五月書房, 1996)이 있다.

2) 이 최고재판소 판결에 대해 '본론'에서는 기각하고 '방론'에서 외국인에게 지방 참정권을 부여할 수 있다고 한 것은 모순이라는 비판이 있다. 만약 최고재판소 판결이 본론에서 청구를 '용인' 하면 공직선거법은 위헌이 될 수밖에 없다. 이런 경우 판결의 결론과 별도로 재판소의 견해를 나타내는 것은 간혹 있는 일이다.
대만인 전 일본 병사에 대한 국가보상청구재판에서도 도쿄지방재판소 · 도쿄고등재판소 · 최고재판소 모두 판결은 청구 기각이었다. 그러나 도쿄고등재판소는 청구는 기각했지만 "거의 같은 경우에 있는 일본인과 비교해 현저한 불이익을 불식하고 국제 신용을 높이도록 노력하는 것이 국정 관여자에 대한 기대"라고 덧붙였다. 이 부언을 받아 1987년과 1988년 두 개의 특별입법이 제정돼 1인당 200만 엔의 보상이 실현됐다. 재판소가 '본론'과 별도로 '방론'에서 어떤 견해를 보인 하나의 예다.

3) 1970년대 이후는 민간 기업에서의 취직 차별, 지방공무원의 국적조항, 공영주택 입주 차별 등에 대해 차별철폐운동이 전개됐다. 1980년대에는 지문채취 거부운동으로 발전했다.

4) 1974년 히타치(日立) 취직 차별 재판에서의 원고 측(재일 코리안) 승소를 계기로 발족. 일본인과 재일 코리안의 투쟁에 의해 지역에 뿌리내렸던 민족차별철폐운동을 전개했다. 1995년에 각 단체에서 발전적으로 해소.

5) 《재일한국 · 조선인의 보상 · 인권법》(新幹社, 1989)에 각 조에 따른 해설과 함께 수록.

6) 1994년 11월 법안 요강 공표. "5년 이상 거주한 외국인에게 지방 참정권(선거권 · 피선거권)을 인정한다"는 것인데 국회 제출에는 이르지 못했다.

7) '영주 외국인'에게만, 더구나 피선거권을 제외한 '선거권'만이라는 극히 한정된 것이었다. 또 같은 해 12월 일본공산당이 제출한 법안에는 피선거권도 포함돼 있었다.

8) 2001년에도 국회에 제출됐는데 이때는 성립하지 않았다. 다나카 히로시 · 김경득 편 《일한 '공생 사회'의 전망 – 한국에서 실현된 외국인 지방 참정권》(新幹社, 2006)에서는 한국에서의 외국인 참정권 실현 과정 상세 및 동아시아공동체와 정주 외국인의 참정권에 관한 고찰 등을 다뤘다. 한국에서는 2006년 5월 31일 지방선거에서 아시아에서는 처음으로 영주 외국인이 한 표를 던졌다.

9) 유럽의 동향에 대해서는 얀 라트(Jan Rath) 저, 곤도 아쓰시(近藤敦) 역 《유럽에서의 외국인의 지방 참정권》(明石書店, 1997)을 참조할 것.

13. 다민족 공생사회 속에서 민족학교를 어떻게 생각하면 좋은가?

다나카 히로시 (田中宏)

증가하는 외국인 학생

저출산 고령화가 진행되는 일본이 2005년 드디어 인구 감소로 들어섰다고 보도됐다. 한편 외국인 등록은 계속 증가해 2005년 말 현재 200만 명을 넘었다. 물론 외국인 아동도 증가하고 있다.

우선 《재류 외국인 통계》 및 《학교 기본조사 보고서》에 따라 그 대강의 추이를 표로 그려 보았다(그림1). 전자에서는 국적별, 5세 단위 연령별 수치를 얻을 수 있었는데, 후자로부터는 초·중등학교별 외국인 학생 수 및 외국인학교 학생 수(유치원부터 대학까지 포함)밖에 얻을 수 없었다(국적 불명). 또 의무교육(초·중등)은 9년인데 '외국인등록'은 5세 단위(5~9세, 10~14세)로 10년간이기 때문에 양자 사이에 1년의 차이가 난다.

다음 쪽의 그림1은 외국인등록 내역에 브라질이 처음 등장한 1997년부터의 추이를 보여준다. 외국인 자녀는 현재 재일 코리안과 재일 브라질인이 2대 그룹이라는 것을 알 수 있다. 외국인등록이 점차 증가하는

데 비해 외국인 학생은 점차 감소한다. 학교 통계에는 '사설 학원'에 지나지 않는 브라질학교 등에 재적하는 학생 또는 미취학자는 포함되지 않았다.

외국인등록이 1년분 많다고 해도 양자의 차이가 결코 작지 않을 뿐만 아니라 그 차이는 확대되고 있다. 이것은 외국인 자녀의 미취학이 증가함을 나타내는데, 그들이 일본에서 받는 교육은 어떠할까?

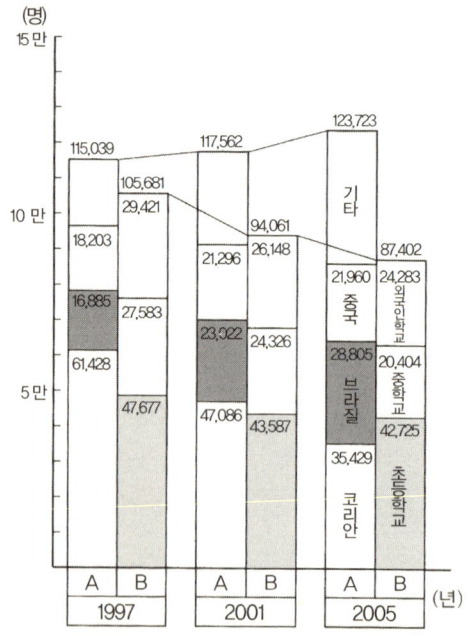

그림1
외국인 자녀의 취학 상황 추이

A : 《재류 외국인 통계》(각 연도 말 현재)의 '도·도·부·현별, 연령·성별 외국인등록자' 5~14세의 수
B : 《학교 기본조사 보고서》(각 연도 5월 1일 현재)의 초등학교, 중학교 외국인 아동 학생 수 및 외국인학교 학생 수(유치원에서 대학까지 포함)

민족학교의 원점 – 조선학교의 역사

그림 1의 외국인등록 내역(2005)을 보면 재일 코리안의 아이들이 가장 많고 다음이 브라질인 아이들로 돼 있다. 일본에서의 외국인학교·민족학교 문제를 생각하려면 역시 조선학교의 역사부터 살펴볼 필요가 있을 것이다.

일본의 조선 통치 기간에는 '황민화 교육'이 추진돼 민족성은 부정됐다. 1945년 8월 일본의 포츠담선언 수락으로 조선 통치는 막을 내렸다. 전쟁 종결 당시 재일 조선인은 200만 명에 달했다고 하는데, 전후 단기간에 귀국하고 약 60만 명이 잔류해 재일 코리안의 원형이 됐다. 이 60만 명은 전후 우선 참정권이 '정지'되고 이어 외국인등록이 의무화돼 '일본인'과는 다른 처우를 받았다. 교육에서는 반대로 일본학교 '취학 의무'를 짊어지게 됐다.

재일 코리안은 빼앗긴 언어·문화·역사·민족성의 복권이라는 어려운 사업에 착수했다. 일본 각지에 서당 같은 '국어(조선어)강습소'가 생기고, 곧 조선학교로 발전해 갔다(그림 2, 다음 쪽 그림 3). 그러나 1948년

그림2
초창기의 조선학교
구루스 요시오(米栖良夫) 〈조선인학교〉, 太平出版社

1월 옛 문부성은 전술한 "(일본학교에의) 취학 의무를 진다"는 통보를 한 후 곧 조선학교의 폐쇄, 조직 개편의 조치를 취해 비교적 규모가 큰 학교는 도립조선인학교(15개교) 등으로 공립학교화하거나 나고야(名古屋) 등에서와 같이 공립학교의 분교가 된 곳도 있다.

  1952년 4월 대일평화조약이 발효돼 점령이 풀리자 일본 정부는 재일 코리안 등 옛 식민지 출신자는 일제히 일본 국적을 잃고 외국인이 된다고 선고했다. 그에 따라 재일 코리안은 일본학교에의 '취학 의무'가 없어지고, 공립 조선인학교나 공립교 분교는 모두 폐지돼 자주학교로 이행됐다. 조선학교는 현재는 사립 '각종학교'로 각지에 존속하고 있다.

  한일 국교정상화가 이루어진 1965년 말 옛 문부성은 조선학교에 관한 '통달'을 내 "①조선인만 수용하는 공립 초·중학교 및 이들 학교의 분교 또는 특별학급[민족학급을 가리킨다]은 금후 설치해서는 안 된다 ②민족성 또는 국민성을 함양하는 것을 목적으로 하는 조선인학교는… 각종학교로서 인가하지 않는다"고 발표했다. 외국인이라고 선고는 했지만 외국인으로 자라는 것은 인정하지 않겠다는 것이었다. 또 당시의 학교제도는 '정규교'와 '각종학교' 뿐이었기 때문에(그 후 전수학교제도 탄

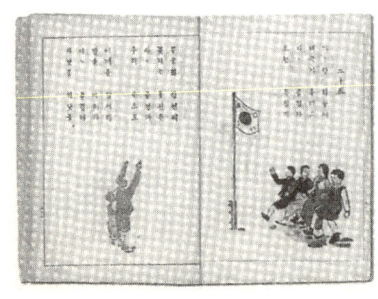

그림3
손으로 써서 만든 당시 교과서
《우리말》 (1946년, 조선문화협회 발행, 오사카인권박물관 소장)

생) 민족학교는 모든 의미에서 '학교'로 인정할 수 없다는 것이었다.[1] 그러나 인가권을 가진 지사는 이 '통달'에 반해 그 후 민족학교를 각종학교로 인가했다.

인가되지 않은 브라질학교

1989년 '출입국관리 및 난민인정법'(이하 '입관법'이라고 한다) 개정과 때를 같이해 일본계인(일본인 2세, 3세)은 외래 외국인이지만 일본에서의 취학을 자유화한다는 조치가 취해지면서 브라질인·페루인이 급증해 2005년 말에는 30여 만 명에 달했다.

일본계인이 많이 거주하는 지역은 도카이(東海) 지방 및 기타칸토(北関東)로, 그곳에는 일본이 세계에 자랑하는 자동차산업 등 제조업이 모여 있다.

일본계인이 많이 사는 지역에는 많은 브라질학교와 페루학교가 탄생했는데, 현재는 모두 각종학교가 아닌 단순한 '사설학원'에 지나지 않는다.[2] 전후 각지에 생긴 조선학교와 거의 비슷한 상태라고 할 수 있다.

시즈오카(静岡)현에서는 이들 학교의 처우 개선을 검토해 2004년 3월 종래의 각종학교 및 학교법인 심사 기준을 각각 완화하고 학교 부지와 건물의 차용이 안정된 것이라면 인정하기로 했다(시즈오카 방식).

이어 같은 해 12월에는 하마마쓰(浜松)에 있는 페루학교가 '각종학교'로 인가되고 이듬해 8월에는 그 설치자가 '학교법인'으로 인가됐다. 그 결과 소비세 면제[3], 통학 정기권 구입, 현으로부터의 보조금 교부, 스포츠 대회 참가도 가능하게 됐다. 이 모두 조선학교가 오랜 기간에 걸쳐 하나하나 개척해온 성과로, 그로 인해 이후 도일자의 학교도 같은 대우를 받을 수 있었던 것이다.[4] 그 후 기후(岐阜)현과 아이치(愛知)현도 같은 기준 완화를 단행한 것으로 보아 머지않아 브라질학교 인가의 예도 나올 것으로 기대된다.

왜 일본학교에 다니지 않나?

종전 직후 설립돼 오늘까지 이어지는 조선학교(약 70개교)에 이어 1990년대 들어서는 브라질학교(약 90개교)·페루학교·인도학교도 생겼다. 외국인 아이들 중 대부분은 일본학교에 다니는데, 외국인학교나 민족학교에 다니는 학생도 결코 적지 않다. 일본의 공립 초·중등학교에 다니면 수업료도 필요 없고 교과서도 무상으로 지급받는데 왜 외국인학교·민족학교를 고집할까?

"나는 어렸을 때부터 조선인으로 태어난 것을 원망해서 나에게서 모든 조선적인 것을 배제하려고 노력했습니다. 초등학교·중학교·고등학교·대학교를 거치면서 일본인처럼 행동하는 것이 습성이 돼 있었습니다. …내가 조선인이라는 것을 눈치 채지 않을까 늘 주위에 신경을 쓰면서 소심하게 살아가는 비참함을 견딜 수 없었습니다…"

재일 코리안 2세인 고 김경득 씨가 사법시험에 합격한 후 변호사의 길을 가기 위해 최고재판소에 제출한 '청원서'의 한 구절이다.[5] 김 변호사는 병을 무릅쓰고 출석한 심포지엄에서 민족학교의 필요성을 열렬히 주장했는데,[6] 그 '유언'은 앞의 청원서 내용과 깊은 관계가 있다. 일본인으로부터 차별당할 불안이 없는 환경에서 언어·역사·문화를 배우고, 같은 민족 친구들과 사귀는 가운데 민족적 아이덴티티를 확립하는 장소로서 외국인학교나 민족학교는 많은 외국인에게 반드시 필요하다.

"일본 공립학교를 그만둔 아이들은 일본인 교원과 동급생으로부터 따돌림을 받고 상처를 입어 거칠어진 상태로 이 학교로 전학합니다. 그런데 포르투갈어와 일본어 실력이 붙으면서 자신감이 생기는지 금방 표정이 밝아지고 학력도 부쩍부쩍 늡니다."

군마(群馬)현에 있는 브라질학교 닛파쿠가쿠엔(日伯学園) 원장 도자와 에리카(戸澤江梨香)의 말이다. 도자와 원장은 또 "정규학교로 인정받지 못해 행정적으로 재정지원을 받을 수 없다는 것이 최대 고민입니다. 현재 학비는 월 2만5,000엔인데, 그것만으로는 매우 부족해 만성적 적자 경영이 계속되고 있습니다"라고 말한다.[7]

교육이 공생의 첫걸음

'시즈오카 방식'에 따라 인가된 페루학교의 마쓰모토 마사미(松本雅美) 교장은 "외국인 아이들을 교육할 의무는 없다는 것이 문부과학성의 일관된 태도입니다. 그러나 정말 그래도 되는 것일까요? 싼 노동력이 필요해 일본계인을 입국시켜 놓고 교육처럼 비용이 많이 드는 문제에 대해서는 나몰라라 하는 것은 형편주의라는 국제적 비판을 면하기 어렵습니다. 우리 일본인은 일본계인에게 브라질이나 페루로 돌아가라고 매도할 것이 아니라 공생하는 지혜를 강구해야 합니다. 그 공생의 첫걸음은 교육입니다"라고 말한다.

총무성의 '다문화 공생 추진에 관한 연구회' 좌장을 맡고 있는 야마

와키 게이조(山脇啓造) 메이지(明治)대 교수도 이렇게 제언한다.

"외국 국적 주민은 200만 명에 달합니다. 그 현실을 인정하고 두 가지 방향에서 외국인 아이들에 대한 교육을 정비해야 할 시기입니다. 하나는 공립학교에 받아들이는 방향, 또 하나는 외국인학교를 지원[8]하는 방향입니다. 이상적인 것은 그 두 가지를 정비해 보호자와 아이들이 공립학교와 외국인학교 중 어느 쪽에 다닐 것인지 선택하게 하는 것이겠지요."

외국인학교의 지위와 처우를 개선하고, 적어도 현재 사립학교가 받는 만큼이라도 외국인학교 조성에 힘쓰는 것은 다민족 공생사회로 가는 중요한 일보라고 할 수 있을 것이다.

주

1) 일본의 학교제도는 정규교(학교교육법 제1조의 초·중·고·대학 등)·전수학교(동법 제82조의 2, 고등과정·전문과정·일반과정)이 있다. 단 "오로지 외국인을 대상으로 하는 것은 제외한다"고 돼 있다)·각종학교(동법 제83조) 세 종류가 있다. 또 전수학교 고등과정 수료자에게는 대학입학 자격이 인정된다.

2) 《도카이 지역의 새로운 외국인학교》(증보개정판, 나고야대학 대학원 국제개발연구과, 2002). 사쿠마 고세이(佐久間孝正) 《외국인 아이들의 미취학》(勁草書房, 2006).

3) 조선학교가 생겼을 무렵에는 소비세가 없었는데 각종학교 인가를 받지 못한 브라질학교 등에서는 수업료에 소비세가 부과된다.

4) 다나카 히로시 〈재일 외국인의 민족교육권에 관한 일고찰〉(龍谷大学 《경제학논집-民際学 특집》 45권 5호, 2006).

5) 김경득 《신판 재일 코리안의 아이덴티티와 법적 지위》(明石書店, 2005), 345쪽. 김경득은 제1호 재일 코리안 변호사로 활약하다 2005년 12월 56세의 젊은 나이에 암으로 세상을 떠났다.

6) 심포지엄 기록은 코리안 인권생활협회 편 《재일 코리안의 100년》(かもがわ出版, 2006)

7) 강성 〈외국적 아이들에게도 교육을! 외국인 GAKKOU가 부각시키는 형편주의〉(《月刊現代》 2006년 8월호). 이하의 인용도 마찬가지다.
이 밖에도 '일본 속의 외국인학교①~⑮'(《月刊イオ》 2005년 5월호~2006년 9월호)가 있다. 후에 《일본 속의 외국인학교》(明石書店, 2006)라는 단행본으로 나왔다.

8) 《만화 혐한류2》에는 조선학교가 '반일' 교육을 한다거나 일본 사립학교에는 보조금이 나오지 않는데 조선학교에는 나온다는 등의 기술이 있는데, 이는 사실과 다르다. 조선학교는 공개수업을 하며 '사회' 교과서의 일본어역도 나와 있다. 또 보조금에 대해 말하자면 정부는 주지 않지만 자치단체가 주는 것은 사실이다. 공립 초·중등학교에는 1인당 연간 약 100만 엔, 사립학교에는 약 30만 엔의 공비가 투입되고, 외국인학교에 대한 사지단체의 보조금은 1인당 연간 평균 6만~7만 엔이다. 또 '지정 기부금'이나 '특정 공익증진법인'의 대우 세제는 같은 외국인학교라도 인터내셔널 스쿨로 한정돼 있다.

14. 재일 코리안에 대한 차별은 없어졌나?

모로오카 야스코 (師岡康子)

《만화 혐한류》는 재일 코리안에 대한 차별은 국적에 관계없이 이미 없어졌으며 '재일 문제'는 거의 소멸했다고 주장한다.

그러나 일본은 국제 인권 제 조약의 실시 감독기관인 유엔 각 위원회로부터 재일 코리안 차별에 대해 거듭 시정 권고를 받고 있다.[1] 유엔 인권위원회가 임명한 특별 보고자 두두 디엔(Doudou Dien)이 2006년 2월 발표한 일본 공식 방문 보고서[2]에도 재일 코리안을 비롯한 외국인 및 민족적 마이너리티에 대한 차별에 대해 24개 항목에 걸친 포괄적 권고가 제시돼 있는데, 그 중에는 인종차별금지법 제정을 요구하는 항목도 포함돼 있다. 인종차별철폐조약에 비준·가입한 170개국(2005년 1월 현재) 중 인종차별철폐법제도를 가지고 있지 않은 것은 부끄럽게도 일본뿐이기 때문이다.

외국인 인권에 대한 일본 법제도의 기본적 문제점은 '출입국관리 및 난민 인정법'[3] '외국인등록법' 등 외국인을 관리하는 법제도는 존재하지만, 외국인의 인권 보장을 위한 기본법 및 차별철폐법제도는 존재하지 않는다는 것이다.[4] 1965년 한 입국관리국 고관이 "외국인은 삶아먹든 구워먹든 마음대로"라고 말했는데,[5] 일본 정부의 자세는 지금도 기본적으로는 변함이 없다.

현재도 법률에 의한 혹은 법률에 의하지 않은 공적 차별이 존재하고, 민간에서의 사회적 차별도 존재한다.[6] 《만화 혐한류》처럼 차별이 없어졌다고 우기는 것은 차별당하는 사람들에게는 또 다른 억압이다. 일례를 들자면 일본의 '주민기본대장카드'는 상시휴대 의무가 없지만 '외국인등록증'은 상시휴대 의무가 있다. 또 주거이전 신고의무 위반에 대한 처벌도 일본인은 5만 엔 이하의 '과태료' 지만 외국인은 20만 엔 이하의 '벌금'이다(행정벌인 과태료와 달리 벌금은 형사벌이며 전과가 된다).

이 장에서는 취직 차별, 사회 보장에서의 차별, 입주 차별, 재일 코리안 아이들에 대한 집단 괴롭힘 문제를 다루고 마지막으로 인권옹호법안에 대해 논하고자 한다.

취직 차별

《만화 혐한류》는 "취직 차별은 원래 없었다" 혹은 "없어졌다"고 주장한다.[7] 그러나 민간 기업의 취직 차별은 매우 심해[8] 아무리 대학을 졸업했다고 해도 일본 기업에 취직하지 못하는 상태가 오래 계속됐다. 예를 들면 1984년의 가나가와(神奈川)현 조사를 보면 현민 전체의 취업 형태 중 자영업이 10.6%였는데, 재일 코리안은 41.8%에 달해 일본 기업에 취직하기 힘들어 자영업을 할 수밖에 없는 상황을 시사한다.

교토(京都)시의 조사(1997)에 따르면 재일 외국인 올드 커머(Old Comer: 주로 재일 코리안)의 66.5%가 일자리를 구할 때 차별을 느꼈다고 응답했다.[9] 또 오사카부 교육위원회가 재일 코리안 학생을 대상으로 실시한 조사(1995~98)에 따르면 고교 졸업 후 취직 경로는 학교 소개가 14.9%, 직업안정소 소개는 2.2%에 불과하고, 연고 소개가 55.6%로 과반수를 차지했다. 취직처도 일본 기업은 36.2%인 데 비해 재일동포 기업이 53.5%로 과반수를 차지했다.

재일 코리안은 민간 기업에 의한 차별뿐만 아니라 법률의 명문에 의하지 않는 '당연한 법리'라는 명목에 의한 공적 차별도 받는다. 외무공무원법을 제외하면 국가공무원법 · 지방공무원법 조문에는 국적조항이 없는데도 정부는 "공권력 행사 또는 공적 의사 형성의 참획에 종사하는 공무원이 되기 위해서는 일본 국적을 필요로 한다"는 소위 '당연한 법리'로 외국 국적 주민을 배제했다. 대학교수 · 의사 등 극히 일부의 예외를 제외하면 국가공무원이 되는 것은 불가능하다. 지방공무원도 일부 자치단체에서 수험이 가능해졌지만[10] 아직도 많은 자치단체에서는 제한한다. 또 지방공무원이 됐다고 해도 대부분의 경우 관리직이 될 수는 없다.[11] 교원도 1991년 교원채용시험을 볼 수 있게 됐지만 '교유(教諭)'가 아니라 '상근강사'로밖에 채용되지 않는다.

'당연한 법리'에 의한 배제는 직업 선택의 자유라는 헌법상의 기본적 인권을 법률적 근거도 없이 제한하는 점에서 '법의 지배' '법치주의'라는 근 · 현대법의 대원칙에 위배된다. '당연한 법리'는 결국 외국인은 신용할 수 없다는 편견에 근거한 것으로 합리성이 없다. 특히 재일 코리안이 일본에 생활의 근거를 두고 정주하는 것은 식민지 지배의 결과인데 재일 코리안에게 국적 선택의 자유도 인정하지 않고 일방적으로 일본 국적을 상실하게 한 역사를 생각해 보면 용서받지 못할 일이기도 하다.[12]

사회보장 차별

전후의 사회보장제도에는 애초 모두 국적조항이 있었다. 그 후 베트남 난민 수용을 계기로 국민연금법과 아동수당과 관련한 3법에서 국적조항이 철폐되는 등 현재는 거의 모든 사회보장법에서 국적조항이 없어졌다.[13]

그러나 '재일 무연금소송 변호단'의 추계에 의하면 3만 5,000명의 재일 코리안 고령자, 5,000명의 재일 코리안 장애인이 지금도 무연금 상태로 방치돼 있다. 1982년 국민연금법 등의 국적조항이 철폐됐을 때 무연금이 생기지 않도록 하는 경과조치를 취하지 않았기 때문이다.

일본 정부는 '복귀' 전의 오키나와(沖繩) 주민, 중국 귀국자, 납치 피해자 등 자기 책임에 의하지 않은 이유로 무연금이 된 사람에게는 그때마다 구제조치를 강구했다. 그럼에도 재일 코리안에 대해서만은 구제조치를 취하지 않고 있다. 이것은 일본이 비준한 국제 인권 제 조약에 위반하는 것으로, 바로 개선하지 않으면 안 된다.[14]

이러한 정부의 생각은 생활보호제도에서도 마찬가지인 것으로 보인다. 재일 코리안에 대해서는 '적용'이 아니라 '준용'에 지나지 않아 불복 신청을 할 수 없는 것이다.

입주 차별

재일 코리안을 포함한 외국인에 대한 입주 차별은 심각한 문제다. 자치단체가 실시한 외국인 주민에 대한 조사 결과는 모두 많은 사람이 입주 차별을 경험했음을 보여준다.[15] 《만화 혐한류》는 입주 차별에 대해서는 언급하지 않았는데, 일부러 무시한 것으로 보인다.

공영주택에 대한 국적조항은 1980년 철폐됐는데, 민간주택의 경우에는 '외국인 사절'이라는 쪽지에서 볼 수 있듯 아직도 공공연하게 차별이 행해지고 있다.

재단법인 부동산유통근대화센터에 의한 15개 도·도·부·현의 민간 임대주택 경영자를 대상으로 한 설문조사(1996)에 따르면 전체의 52.8%가 입주 자격에 제한을 두고 있으며, 그 중 '외국인'을 배제하는 경우가 49.8%에 달했다. 그 제한은 외국인에게는 임대하지 않겠다는 직접적인 것 외에 '주민표' 제출을 조건으로 하는 것,[16] 배우자인 일본인의 이름으로 계약하도록 요구하는 것, 일본인 보증인을 세울 것 등이었는데 보증인 2명을 요구하는 예도 있었다. 2006년 10월 현재 아마가사키(尼崎)와 오사카에서 재일 코리안이 제소한 입주 차별 관련 재판이 2건 심리 중인데, 제소하려면 경제적·정신적·시간적 부담이 들기 때문에 이것은 빙산의 일각에 지나지 않는다.

재일 코리안 아이들에 대한 집단 괴롭힘

재일 코리안에 대한 집단 괴롭힘은 일상적으로 일어나고 있다. 특히 조선민주주의인민공화국 비판 보도를 계기로 조선학교 학생들을 목표로 수년에 한 번씩, 전국적 규모로 일제히 일어나는 현상이 계속되고 있다. 이에 대해 《만화 혐한류》는 '자작 자연' 설 혹은 매스컴의 '날조' 설을 주장한다.

그러나 2002년 9월의 '조·일 평양선언' 이후 납치보도를 계기로 전국에서 일어난 집단 괴롭힘 사건에 대해 2003년 봄 간토(関東)와 오사카의 변호사들이 각지의 조선학교를 직접 방문해 모든 학생을 대상으로 직접 설문조사한 결과 간토에서는 조선중급학교(중학교에 해당한다) 여학생의 3명 중 1명이, 오사카에서는 2명 중 1명이 납치보도 이후 반 년간 집단 괴롭힘을 당했다. 남학생보다 여학생이, 연장자보다 연소자가, 이렇게 약한 입장의 아이들일수록 집단 괴롭힘을 당한 비율이 높다.[17] 또 한국학교 학생들이나 일본학교에 다니는 재일 코리안 아이들에 대한 집단 괴롭힘도 보고되고 있다. 집단 괴롭힘이 '자작 자연'이 아니라 일본인에 의한 민족 차별 범죄라는 것은 명백하다.

이러한 재일 코리안에 대한 집단 괴롭힘은 전쟁 전 관동대지진 당시 조선인 대학살[18]을 상기하게 하는데, 공포감 때문에 집밖으로 나가지 못하게 된 사람도 있는 등 재일 코리안 전체에 대해 정신적 압력을 가하고 있다.

2006년 7월 조선민주주의인민공화국의 미사일 발사 실험을 계기로 전국에서 100건 이상의 집단 괴롭힘 사건이 보고됐다. 그 중 몇 건은 직후 경찰에 신고되고 매스컴에 보도돼 각지의 변호사회가 비판성명을 냈다. 이러한 집단 괴롭힘을 좌시하는 것은 집단 괴롭힘을 만연시키고, 집단 괴롭힘에 가담하는 것이나 다름없다.

인권옹호법안

인권옹호법안에 대해 《만화 혐한류》는 인권옹호위원의 국적조항이 없는 것을 놓고 재일 코리안의 부당한 압력에 의해 표현의 자유가 침해되는 법안인 것처럼 공격했다.

그러나 실제로 인권옹호법안은 인종 차별 철폐에 대한 강력한 국제적 대응의 흐름 속에서 탄생한 것이다.[19] 일본이 1995년 가입한 인종 차별 철폐조약은 각 체결국에 입법 등의 방법으로 인종 차별을 금지하고 종료시킬 것을 요구했다.

유엔 사무국은 인종차별철폐조약의 실효화를 위해 2001년 '반인종 차별 모델 국내법'을 제안했는데[20] 여기에는 인종 차별이 범죄로 규정돼 있다. 또 1993년에는 유엔총회에서 '국내 인권기관의 지위에 관한 원칙'(파리 원칙)이 채택됐다.[21] 이것은 재판소와 별도로 인종 차별 등의 인권침해에 신속하고 적절하게 대응할 수 있는 정부로부터 독립된 국내 인권기관을 만들자는 것으로, 2006년 10월 현재 유엔 가맹국의 과반수에 해당하는 107개국에서 설립됐다. 정부는 인권옹호법안을 이러한 국제적 책무에 부응하는 것으로 본다.[22]

인종 차별 철폐를 목적으로 하는 제도에서 차별받아온 마이너리티를 심사 측에 넣는 것은 당연하며, 또 파리 원칙에서도 국내 인권기관의 구성 다원성 확보를 요청한 바 있다. "조선인에 의해 일본인의 민족 차별이 규탄받는" 것을 무서운 일로 표현하는 것 자체가 일본인이 지배자이고 조선인은 피지배자여야 한다는 식민주의의 표출인 것이다.

또 2006년 8월 말의 보도에 따르면 법무성은 인권옹호위원의 자격에 2002년 법안에는 없던 국적조항을 넣은 법안을 제출할 생각이라고 한다. 차별을 없애기 위한 법률에 국적조항을 넣어 차별을 만들어내는 자기모순의 법안은 더 이상 '인권옹호'라는 이름으로 부를 가치가 없다.

진정으로 차별을 없애기 위해

재일 코리안에 대한 차별은 엄연히 존재한다. 운동의 성과와 국제적 압력의 결과 전체적으로 개선되고는 있지만, 정부는 아직도 식민 지배를 청산하지 못하고 근본적으로 재일 코리안을 비롯한 외국인에 대한 차별정책을 고치지 않고 있다. 고치기는커녕 정부는 이제까지 재일 코리안에 대해 행해온 차별정책을 외국인 전반으로 대상을 넓혀 외국인 내부를 서열화하고 다층적 차별구조를 만들고 있다.[23]

정말 "차별이 없어졌다"고 말할 수 있는 사회를 만들기 위해 우리가 먼저 해야 할 일은 재일 코리안에 대한 차별의 역사와 현실적 사실을 직시하고 식민 지배를 청산함과 동시에 외국인의 인권기본법·인종 차별 금지법, 국내 인권기관 등의 차별철폐법제도를 새로 만드는 일일 것이다.

주

1) 니치벤렌(日本弁護士連合会) 홈페이지의 '국제 인권 라이브러리'를 참조할 것.

2) 반차별 국제운동 일본위원회 홈페이지에 '현대적 형태의 인종주의, 인종 차별, 외국인 혐오 및 관련된 불관용에 관한 특별 보고자의 보고서' 전문의 일본어 번역이 게재돼 있다. 원문은 영문으로 유엔 홈페이지에 게재돼 있다.

3) 이 두 법의 전신은 1947년 5월 2일(신헌법 시행 전일) 마지막 칙령으로 공포된 '외국인등록령'이다.

4) 헌법의 인권규정에는 '국민'과 '어떤 사람도'가 혼재돼 있다. 최고재판소의 소위 매클린판결(1978년 10월 4일, 일본에서 영어교사로 일하던 미국인 로널드 앨런 매클린(Ronald Alan McClean)이 베트남전쟁 반대 시위에 참가했다는 이유로 체류기간 갱신을 불허하자 이의 취소를 요구한 사건으로, 일본 재판소는 외국인의 정치활동 금지를 이유로 이를 기각했다. -역자 주)에서는 권리의 성질상 일본 국민을 대상으로 하는 것을 제외하고는 외국인에게도 기본적 인권은 보장되지만, 외국인의 인권은 체류 자격 범위 내에서만 보장받는다고 했다. 이 판결은 현재도 인용돼 외국인의 인권을 제한하는 방향으로 기능한다. 같은 판결의 내용과 그에 대한 비판은 니치벤렌 홈페이지의 제47회 인권옹호대회 심포지엄 제1분과회 기조보고서인 〈다민족·다문화가 공생하는 사회를 향해서 – 외국인의 인권 기본법을 제정하자〉를 참조할 것.

5) 이케가미 쓰토무(池上努) 《법적 지위 200가지 질문》(京文社, 1965). 저자는 당시 입국관리국 참사관. 또 당시의 '외국인'은 약 90%가 재일 코리안이었기 때문에 '외국인'은 명백히 재일 코리안을 가리킨다.

6) 재일 외국인에 대한 차별에 대해서는 다나카 히로시 《재일 외국인 신판 – 법의 벽, 마음의 골》(岩波新書, 1995)이 알기 쉽다. 재일 코리안에 대한 차별에 대해서는 다나카 히로시 편 《재일코리안 권리선언》(岩波ブックレット, 2002)을 참조할 것. 주4)에 기재한 니치벤렌 홈페이지의 기조보고서에는 현행법의 문제점이 망라돼 있다.

7) 《만화 혐한류》 제3화에는 "1970년 무렵 일본은 고도 경제성장기여서 어디서나 인력부족이었다" "그래서 물론 재일 코리안도 별다른 제약 없이 기업에 채용됐다" "재일 코리안이면서 일류 기업에 근무하는 사람도 많이 있고"라는 말이 나온다.

8) 1970년 한국 국적인 박종석 씨가 히타치제작소 채용시험에 일본 이름으로 응시해 채용 통지를 받았는데, 뒤에 한국 국적임을 밝히자 외국인은 고용할 수 없다는 등의 이유로 채용을 취소했다. 이것이 소위 '히타치 취직 차별 재판'의 발단이다. 1974년 요코하마(橫浜) 지방재판소의 판결은 박씨의 주장을 거의 전면적으로 인정했다. 히타치는 항소하지 않았고 판결은 확정돼 박씨는 히타치에 취직했다.

9) 교토시 홈페이지 참조.

10) 오카 요시아키(岡義昭)·미즈노 마사유키(水野精之) 《외국인이 공무원이 되는 책》(ポット出版, 1998) 등 참조.

11) 도쿄도에 보건사로 채용된 재일 코리안 여성이 관리직 시험 수험이 거절된 것을 위헌으로 고소한 소송은 2005년 최고재판소에서 패소했다. 자세한 것은 정향균 편저 《정의가 없는 나라, '당연한 법리'에 계속되는 의문》(明石書店, 2006) 참조.

12) 또 정부는 민간에서의 취직 차별에 대해서는 2000년 유엔 인종차별철폐위원회에 제출한 제1

회, 제2회 정부보고서에서 "취로에… 관한 차별 … 등 일상생활에서 여전히 사적 인간으로서의 차별이 보이는" 것은 인정했지만 정부 스스로 공무 취임에서 차별한다는 것은 인정하지 않았다. 우선 공무 취임에서의 차별을 솔선해 철폐하고 민간에서의 취직 차별에 대해서는 실효성 있는 법제도를 제정할 필요가 있다.

13) 한편 1952년 이후 14개의 전후보상입법이 있었는데, 피폭자에 관한 것을 제외하면 모두 국적(혹은 호적)조항이 있다. 때문에 재일 코리안은 '일본 국민'으로 징용돼 전쟁에서 희생당했음에도 전후보상에서 배제됐다.

14) 2006년 12월 현재, 교토에서 재일 코리안 장애인 연금소송이, 교토와 오사카에서 재일 코리안 고령자연금소송이 제기돼 심리 중이며 후쿠오카(福岡)에서도 제소할 예정이다. 자세한 것은 《목소리를 새긴다 – 재일 무연금소송을 둘러싼 사람들》(中村一成, インパクト出版会, 2005) 참조.

15) 고베(神戶), 교토, 도쿄 신주쿠(新宿)·분쿄(文京)구 등 각 자치단체의 홈페이지에 조사 결과가 공표돼 있다. 예를 들면 교토의 조사 결과를 보면 올드 커머의 45.8%가 주택을 구할 때 차별을 느꼈다고 응답했다.

16) '주민표'는 일본인에게만 있다.

17) 거의 4분의 3은 "조센진 뒈져라" "조선으로 돌아가라"는 따위의 폭언인데, 나머지는 전철역 계단에서 밀거나 침을 뱉거나 때리거나 차거나 치마저고리를 찢는 등의 폭행·상해·기물손괴 등 물리적 범죄행위였다.

18) 1923년 관동대지진 때 권력의 일부가 유언비어를 퍼뜨려 민간에서 자경단이 조직되고 수천 명의 조선인과 중국인이 학살당했다. 극히 일부 민간인은 형사재판에서 처벌됐는데, 정부는 현재까지 이 사건에 대해 공식 사과도 실태조사도 배상도 하지 않고 있다. 강덕상 《관동대지진·학살의 기억》(청구문화사, 2003)과 야마다 쇼지 《관동대지진 때의 조선인 학살》(創史社, 2003), 혹은 우라와(浦和) 지방재판소 1924년 11월 26일 판결 등을 참조.

19) 한국에서는 이미 2001년 설치된 국가인권위원회가 2006년 7월 24일 국무총리에게 차별금지법을 제정하도록 권고했다.

20) 반차별국제운동 일본위원회 편 《일본에도 필요! 차별금지법》(반차별국제위원회, 2002)에 번역과 해설이 게재돼 있다.

21) 재단법인 아시아·태평양인권정보센터 홈페이지 '파리원칙과 국내 인권기관', 국내 인권기관 포럼 홈페이지를 참조할 것.

22) 단, 인권옹호법안에는 중대한 문제점이 있다. 첫째, 인권위원회가 법무성 관할로 돼 있어 정부로부터의 독립성에 치명적 결함이 있다. 이래서는 법무성이 관할하는 입관 시설, 형무소 내에서 행해지는 인권 침해와 인종 차별에 대해 엄격한 감시를 할 수 없을 것으로 생각된다.
둘째, '인종'은 차별에 해당하는 요건으로 인정되지만 '국적'은 인정되지 않는다. 인종·민족 차별이 주로 외국인 차별이라는 형태를 취하는 일본에서는 법제도가 유효하게 기능할 수 없다.
셋째, 차별에 대한 규제가 국제적 수준에 비해 낮다. 예를 들면 인종·민족에 대한 증오 발언을 규제 대상으로 하지 않아 이시하라(石原) 도지사의 '3국인' 발언 등 불특정다수에 대한 발언에는 대처할 수 없다.

23) 외국인 차별 워치 네트워크 《외국인 포위망》(現代人文社, 2004) 참조.

제IV부

전후 한일관계에 대하여

15. '전후 한일관계를 어떻게 바라보면 좋은가?_요시자와 후미토시
16. 한일조약으로 식민지 지배는 청산됐나?_오타 오사무
17. 독도 문제는 어떻게 생각하면 좋은가?_나카오 히로시
18. 한국의 '과거 청산'은 어떻게 되고 있나?_후지나가 다케시
19. 한국은 '반일' 일색인가?_현무암
20. 과거와 마주하는 것은 '자학사관'인가?_이와사키 미노루

15. 전후 한일관계를 어떻게 바라보면 좋은가?

요시자와 후미토시 (吉澤文寿)

1945년 태평양전쟁이 종결되고 60년 이상 지난 현재 '전후' 한일관계를 이해하기 위해서는 다음과 같은 점을 알아둘 필요가 있다.[1]

그것은 전후 한일관계는 기본적으로 미국의 동아시아 정책과 불가분의 관계에 있으며, 한일 양국은 미국의 동맹국으로서 동아시아 공산주의체제에 대항하는 국제체제의 일익을 담당하고 있다는 사실이다. 때문에 반공체제에 입각한 정치·경제적 안정이 일본의 전쟁책임과 식민지 지배 문제보다 우선시됐다. 냉전 종결 후인 지금도 미·일 및 한·미 안보체제는 건재하며, 침략전쟁과 식민 지배에 따른 일본의 전후 책임 문제도 아직 미해결이다.[2]

이상의 점을 전제로 조선의 분단과 그 후의 한국전쟁, 한일 국교정상화 교섭(한일회담), 한국의 고도 경제성장의 세 가지 점에 대한 《만화 혐한류2》의 주장을 살펴보고 그러한 견해가 타당한지 검토해 보고자 한다.

조선의 분단, 그리고 한국전쟁과 일본

일본의 패전으로 조선은 일본의 지배에서 해방됐다. 그러나 그 직후 미·소 양군이 북위 38도선을 끼고 조선을 점령했다. 그 후 이 분단 상황이 해소되지 않은 채 1948년 대한민국과 조선민주주의인민공화국이라는 두 개의 정부가 수립됐다.[3] 이러한 조선의 분단에 대해 《만화 혐한류2》는 "한반도 분단에 당연히 일본은 관계가 없습니다!"(그림1)라고 주장한다. 확실히 분단의 경위에 일본 정부는 직접 관여하지 않았다. 그러나 애초 일본의 식민지가 되지 않았으면 조선의 분단은 있을 수 없었다. 패전국 독일이 분단된 것과 달리 패전국 일본이 아닌 조선이 분단된 것은 일본인으로서 엄숙히 받아들이지 않으면 안 된다.

그리고 조선의 분단이 없었다면 1950년 6월의 한국전쟁도 없었을 것이다. 이 전쟁은 1953년 7월 정전될 때까지 남북 합해 400만 명의 조선인이 사망하고, 1,000만 명이라는 이산가족이 발생했다.[4] 개전한 것은 조선민주주의인민공화국이었지만 대한민국과 유엔군(주 전력은 미군)도 북위 38도선을 넘어 북진했다. 즉, 이 전쟁은 남북 쌍방이 무력통일을

그림1
《만화 혐한류2》 211쪽

그림2
《만화 혐한류2》 213쪽

시도한 전쟁이었다.

그런데 한국전쟁에 대해 《만화 혐한류2》는 "일본이 유엔군의 병참기지 역할을 했기 때문에 한국은 북한에 점령당하지 않고 넘어갈 수 있었습니다." "한국은 일본에 감사해야 하는 것 아닙니까?"(그림 2)라고 주장한다. 그러나 일본을 병참기지로 이용한 것은 미국이기 때문에 "감사하라"는 것은 번지수가 틀려도 한참 틀렸다.

일본은 한국전쟁이 계속되던 1952년 4월 독립을 이루고, 조선특수에 의해 경제 부흥을 실현했다. 또 한국전쟁 발발 직후인 1950년 7월 경찰예비대를 창설하고 한국전쟁 후인 1954년 7월에는 자위대를 발족했다. 이와 같은 것들은 일본을 동아시아 반공체제의 거점으로 삼으려던 미국의 대일정책과 일본이 전후 부흥을 위해 한국전쟁을 이용한 결과다.

한일 국교정상화 교섭(한일회담)

한국전쟁이 한창이던 1951년 10월 시작돼 1965년 6월 타결된 한일회담은 한일 간의 모든 현안을 해결한 후 국교를 정상화하는 것을 목적으로 했다. 한일회담에서는 기본관계, 청구권, 어업, '재일 한국인'의 법적 지위, 문화재, 선박 등 의제별로 위원회를 구성해 문제를 토의했다.

이때 일본 정부가 관계정상화에 중점을 둔 것과 달리 한국 정부는 일본 식민 지배의 '청산'을 강력히 요구했다. 다만 한국 정부의 요구는 조선인 징용자에 대한 보상금을 제외하고는 우편저금·유가증권·급여미불금 등 '민사상 청구권'에 그치는 것뿐이어서 일본 정부가 한국의 청구권에 응하는 것으로 '식민 지배는 청산됐다'는 것이었다. 그러나 일본 정부는 증명 가능한 '민사상 청구권'에만 대응하면서 최종적으로는 이들 모두를 포기하게 할 방침으로 교섭을 진행했다.[5]

1950년대 전반의 한일회담은 일본 측이 재한 일본인 재산의 반환을 주장하고, 한국 측이 이에 강력하게 반발하는 등 원칙적 대립으로 시종일관했다. 1953년 10월 일단 중단됐다가 1958년 회담이 재개되고 나서도 재일 조선인의 북한 귀국 문제가 부상하자 한국 정부가 재일 조선인의 '북송 반대'를 강력히 주장했기 때문에 회담은 진전되지 못했다.

1960년대 들어 중화인민공화국·소련 등의 원조로 조선민주주의인민공화국이 착실히 경제 건설을 추진하고 있다고 생각한 한국·일본·미국은 한국의 경제 부흥을 촉진함과 동시에 동아시아 반공체제를 강화할 목적으로 한일 국교정상화를 다시 추진했다. 그 결과 일본은 한국이 대일청구권을 포기하는 것을 조건으로 보상의 의미를 포함하지 않은 대한경제협력을 실시하게 됐다. 이 과정에서 일본의 식민지 지배 '청산'은 흐지부지돼 버렸다.[6] 이리하여 국교정상화 이후의 한일관계는 양국 간 여러 현안을 불문에 부친 채 오로지 냉전이라는 문맥 속에서 긴밀화돼 갔던 것이다.

한국의 고도 경제성장과 일본

한국의 박정희 정권은 미국·일본의 경제협력과 베트남 특수에 의해 수출지향 경제정책을 추진했다. 특히 1970년대 들어 경공업을 대신해 철강·조선·자동차·전자제품 등의 중화학공업부문이 비약적으로 발전했다. 또 전두환 정권은 수출지향형 경제정책을 계승하면서 인플레이션 완화, 국제수지 개선, 산업구조 고도화를 목표로 민간주도형 경제건설을 추진했다. 1980년대 후반에는 저달러·저금리·저유가의 '3저' 경기에 의해 100억 달러 가까운 경상수지 흑자를 실현했다. 이렇게 한국경제는 자본 및 무역 면에서 일·미 양국에 의존하면서 성장했다.

《만화 혐한류2》는 일본이 한국에 경제·기술 원조를 한 것만 강조한다(218쪽). 그러나 한국의 대일무역에 대해 말하자면 일관된 수출초과로 적자는 2004년 200억 달러를 돌파했다(한국 관세청). 이렇듯 일본경제는 한국과의 관계에서 큰 이익을 얻었던 것이다.

그런 한편에서 박정희·전두환 정권은 한국 국민의 권리를 억압하고 권위주의체제를 유지하고자 했다. 박정희는 1972년 '유신헌법'을 성립시켜 영구 집권이 가능한 유신체제를 만들고, '대통령 긴급조치'를 발령해 반정부운동을 극심하게 탄압했다. 1979년 박정희가 중앙정보부장 김재규에게 암살당하자 한국에서는 민주화의 기운이 급격하게 고조됐다. 그러나 '숙청 쿠데타'로 실권을 쥔 전두환은 1980년 5월 광주에서 민주화를 요구하는 시민을 군대를 동원해 탄압했다. 그 후 전두환 정권은 레이건 정권의 미국, 나카소네(中曾根) 정권의 일본과 함께 안전 보장상의 협력을 긴밀히 했다.

이 사이의 한일관계는 결코 평탄하지는 않아서 1973년 8월의 김대중 사건, 1974년 8월의 박 대통령 암살 미수 사건, 1982년의 역사교과서 문제 등이 일어났다.[7] 그러나 일본은 기본적으로는 한국의 독재정권을 계속 지지했다.

1987년 6월 '민주화선언' 이후 한국에서는 오늘에 이르기까지 민주화가 진행되고 있다. 1993년 성립한 김영삼 정권은 32년 만의 문민정권이었으며, 1998년 성립한 김대중 정권은 평화적 정권교체가 거스를 수 없는 대세라는 것을 내외에 보여주었다. 이 민주화는 노무현 정권에서도 계속되고 있다.

이렇게 전후의 한일관계는 냉전시대 미국의 동아시아정책이라는 후견을 얻어 '반공'이라는 공통의 목표 아래 우호관계를 유지하면서 정치·경제를 비롯한 여러 분야에서 쌍방의 '발전'을 실현했다고 할 수 있다. 그러나 그것은 일본의 식민 지배에서 비롯된 모든 문제의 해결을 흐지부지되게 하고 민주화를 요구하는 한국 국민의 목소리를 억압한 결과였다고도 할 수 있다. 그리고 그 '흐지부지' 뒤로 미뤄두었던 문제가 한국의 민주화와 함께 분출해 한일관계의 '역사문제'로 한일 양국에 제시된 것이다. 이 모든 문제를 해결했을 때 비로소 한일관계의 '전후'는 끝났다고 할 수 있을 것이다.

일본과 조선을 둘러싼 현대사의 전개를 무시하고 범람하는 정보 속에서 '친일'과 '반일'을 떼어내 칭찬과 비난에 힘쓰는 《만화 혐한류》에서 보이는 자의적 논법은 비생산적이라고 하지 않을 수 없다. 그렇게 하기보다 냉정하고 겸허하게 역사에서 배우는 것이야말로 의미 있는 일이다.

주

1) 전후 한일관계 및 한국현대사에 대해 자세히 알기 위해 이하의 참고문헌을 소개한다.
《조선전쟁전사》(와다 하루키, 岩波書店, 2002)
《검증 일한회담》(다카사키 소지, 岩波新書, 1996)
《일한교섭 – 청구권문제 연구》(오타 오사무, クレイン, 2003)
《전후 일한 관계 – 국교정상화 교섭을 둘러싸고》(요시자와 후미토시, クレイン, 2005)
《한국현대사》(문경수, 岩波新書, 2005)

2) 이 점에 대해서는 이 책 16장 '한일조약으로 식민지 지배는 청산됐나?' 및 18장 '한국의 과거 청산은 어떻게 되고 있나?'를 참조할 것.

3) 1945년 12월 미·영·소 3국 외상회담에서 발표된 '모스크바선언'에서 미·영·소·화(중화민국)의 4개국에 의한 5개년 신탁통치를 거쳐 통일조선 정부를 수립할 것을 발표했다. 그러나 그후 두 차례에 걸친 미소공동위원회가 결렬되자 미국은 조선 문제를 유엔에 상정했다. 당시 미국 주도였던 유엔에 반발한 소련은 유엔 임시조사위원회의 입북을 거부했다. 그러자 유엔은 남한 만의 국회의원선거를 실시하고 단독정부를 수립하기로 결정했다. 이상과 같은 경위로 1948년 8월 남한에 대한민국 정부가1 수립되자 북한에서도 남쪽에서의 '지하선거'를 포함한 조선최고인민회의 대의원선거를 실시해 같은 해 9월 조선민주주의인민공화국 정부가 수립됐다.
이 사이 남북한에서는 미·소 양군의 직·간접적 지배 아래 점령군과 그 지지자에 대항하는 세력이 격렬하게 탄압당했다. 많은 조선 민중은 통일정부 수립을 바랐지만 남북 분단을 저지할 수는 없었다.

4) 와다 하루키·이시자카 고이치(石坂浩一) 편 《이와나미 소사전 현대 한국·조선》(岩波書店, 2002)의 '조선전쟁' 항목을 참조할 것.

5) 《만화 혐한류》의 한일회담에 관한 '언설'에 대해서는 박일·오타 오사무 외 《성실한 반론 〈만화 혐한류〉의 여기가 엉터리》(コモンズ, 2006)의 제2화에서 오타 오사무가 적절한 비판을 하고 있으므로 여기에서는 언급하지 않겠다.

6) 1965년 6월에 한일기본조약 및 제 협정(어업협정·청구권 및 경제협력협정·'재일한국인' 법적지위협정·문화재 및 문화협력협정·분쟁해결을 위한 교환공문)이 체결됐다. 오늘날 문제가 된 '독도'에 대해서는 이 책 17장 '독도 문제는 어떻게 생각하면 좋은가?'를 참조.
또 식민지 지배 '청산'에 대해서는 청구권 및 경제협력협정에 나타나 있다. 그 전문에 "청구권에 관한 문제를 해결할 것"과 "양국 간의 경제협력을 증진할 것"을 "희망하여"라고 돼 있는데, 일본의 경세협력이 한국의 청구권의 대가라는 말은 없다. 일본 정부도 이 경세협력에 대해 "한일 양국의 친교관계를 확립하는 견지에 서서 우리나라로부터 한국에 대해 동국의 민정안정과 경제발전에 공헌하기 위해"라고 설명하고 있을 뿐이다(외무성 《일한 제 조약에 대하여》 1965년 11월, 15쪽). 또 제2조 1항에 "양 체결국과 그 국민(법인을 포함한다)의 재산, 이익 및 양 체결국과 그 국민 간의 청구권에 관한 문제"가 "완전히 최종적으로 해결되었다"고 돼 있다. 그러나 이 협정으로 '해결' 된 것은 한일 양국이 보지하는 외교 보호권이지 피해자 개인의 권리는 아니다.

7) 김대중 사건이란 1973년 8월 8일 도쿄에서 김대중이 한국 중앙정보부 요원에게 납치된 사건이다. 당시 김대중은 박정희 대통령의 최대 정적으로 간주됐다. 일본에서는 한국의 공권력에 의해 주권이 침해당했다고 해서 한국을 비난하는 여론이 높았다.
또 박 대통령 암살미수 사건은 1974년 8월 15일 재일 조선인 2세 문세광이 광복절 식전에서 연설하던 박정희를 저격한 사건이다. 한국은 이 사건의 배후에 조총련이 있다며 일본 정부에 조총련의 활동 단속 등을 요청했다. 두 사건은 한일관계를 긴장시켰는데, 모두 정치적 결착이 꾀해졌다.

또 1982년에는 일본의 역사교과서 중 아시아에 대한 식민지화와 '침략'이라는 기술이 문부성의 교과서 검정을 통해 '진출'로 바뀌었다고 보도된 것을 계기로 일본 국내뿐만 아니라 중국·한국으로부터도 비판받았다. 이를 계기로 같은 해 11월 근린 아시아 제국을 배려한다는 '근린제국조항'이 교과서 검정 기준에 추가됐다.

16. 한일조약으로 식민지 지배는 청산됐나?

오타 오사무 (太田修)

식민 지배, 태평양전쟁에서의 한국인 피해자에 대한 보상 문제는 1965년 체결된 한일조약[1]으로 '해결됐다'고 보는 견해가 최근 전후 보상재판의 판결이나 그 보도 기사 등에서 나타나고 있다. 과연 '해결됐다'는 견해는 올바른 것일까? (다음 쪽 그림1) 그 몇 가지 주장에 대해 검토해 보자.

'조선에 있는 일본 자산과 경제협력으로 보상됐다'

우선 첫 번째 주장은 일본이 한반도에 남긴 '막대한 자산'을 한국 정부가 받았고, 한일조약으로 '막대'한 경제협력이 이루어졌기 때문에 '과거'는 보상됐다는 것이다.

일본이 한반도에 남겼다는 '막대한 자산'의 근거는 GHQ가 조사한 약 22억 7,500만 달러(전쟁 직후 1달러=15엔으로, 약 341억 엔)라는 수치다. 이는 미군이 점령한 남한에 일본이 남겼다는 건물·철도·예저금·주식 등 자산의 합계로 그 대부분은 한국이 물려받았다. 그러나 그 금액에는 인플레이션 진행 중 '추산' 된 것도 포함돼 있다.[2] 게다가 식민 지배 아래 조선의 자원과 노동력에 의해 형성된 것도 많아 모두 일본 자산이라고는 할 수 없다.

또한 한국에 있던 일본 자산이 '막대' 했더라도 진상규명과 사죄가 수반되지 않는 한 그 자산을 한국이 물려받은 것을 '보상' 이라고는 할 수 없다. 더욱이 일본 정부는 그것을 '보상' 이라고도, '배상' 이라고도 말하지 않는다.

다음으로 1965년의 한일청구권경제협력협정(재산 및 청구권에 관한 문제 해결 및 경제협력에 관한 일본국과 대한민국 간의 협정)에서 '무상 3억 달러'(1,080억 엔)의 공여로 '해결' 됐다고 하지만, 외교적 해결을 할 수 없게 된 대만에 대해서는 전사자 유족 등에 대한 일시금 지급과 군사우편

그림1
《만화 혐한류》 48쪽

저금 등의 환불을 위해서만 745억 엔이 개인에게 지불됐다. 그런데 외교적으로 '해결'된 한국에 대해 일괄적인 '무상 3억 달러'의 경제협력으로는 문제가 남았다고 할 수 있다.[3]

또 일본의 경제협력이 한국의 경제발전에 기여했다는 것도 청산이 끝났다는 근거로 거론된다. 확실히 경제발전에 도움이 되지 않았다고는 할 수 없지만, 일본으로부터 기계나 부품 등을 수입하는 '조건부'였기 때문에 경제협력은 대일 무역적자의 큰 요인이 됐다. 그것은 결국 일본의 이익으로 이어졌다는 것도 잊어서는 안 된다. '일본 자산'과 경제협력으로 '과거'는 보상됐다는 주장은 식민지 지배와 전쟁의 피해를 외면하는 것이라고 할 수 있다.

'한국 측에 보상 책임이 있다'

두 번째 주장은 "일본 측은 한일 교섭에서 개인보상을 하겠다고 주장했는데 한국 측이 자국에서 처리하겠다고 했기 때문에 개인보상 책임은 한국 측에 있다"는 것이다.

우선 확실히 해두고 싶은 것은 일본 측이 개인보상(식민 지배와 전쟁에 대한 보상)을 주장한 적은 한 번도 없다는 것이다. 다만 한 시기(1981년의 제5차 한일교섭)에 징용된 사람들의 임금 등 '미지불금'은 사실관계가 명확하면 '일본의 원호법'에 따라 개인에게 지불하겠다고 한 적은 있다. 그러나 그 후 경제협력으로 모두 처리했으므로 개인에게 미지불금 반환은 하지 않겠다고 했다. 이것을 두고 일본 측이 개인보상을 주장했다고 오해하는 것이다.

다음으로 확실히 한국 측은 1964년 5월 단계에서 '개인청구권 보유자'에 대해 한국 정부가 '보상 의무를 진다'는 판단을 하고 있었다.[4] 그것이 한국의 외교문서 공개로 밝혀져 2006년 3월 비로소 옛 일본의 군인·군속·노동자로 강제동원된 피해자 및 그 유족에게 일인당 최고 2,000만 원(약 270만 엔)의 위로금을 지급하는 것 등을 내용으로 하는 법률 제정 작업에 들어갔다고 발표했다. 가까운 장래에 한국 정부에 의한 보상은 이루어질 것으로 예상된다.[5] 과거 한국 정부가 "보상 의무를 진다"고 한 이상 당연한 일일 것이다.

그러나 원래 피해자에 대한 개인보상은 가해자인 일본 정부가 해야 마땅한 것이다. 한일 교섭 당시 일본 정부는 그것을 어떻게 생각하고 있었을까?

외무성은 1960년 7월의 내부 문서에서 "과거의 보상이 아니라 장래의 한국경제에 기여한다는 취지"라면 "경제적 원조"를 할 의의가 있다고 말해 "과거의 보상"에는 부정적이었다.[6] 또 구 대장성은 1963년 6월의 내부문서에서 "전쟁에 의한 피징용자의 피해에 대한 보상"은 한국 측의 "(일본의 식민지적 착취를 이유로 하는) 정치적 요구"이기 때문에 "전면적 거부의 태도"를 취하고 있다.[7] 즉, 일본 정부는 식민지 지배 청산을 요구하는 개인보상은 인정하지 않았던 것이다. 그리고 지금도 그 자세는 변하지 않고 있다.

'한일청구권경제협력협정으로 해결됐다'

세 번째 주장은 식민지 지배 청산 문제는 1965년의 청구권협정에서

"완전히 그리고 최종적으로 해결됐다"는 것이다. 우선 이 주장은 '청구권' 처리를 곧 식민 지배의 청산으로 생각해 "해결됐다"는 것인데, 사실은 그렇지 않다.

원래 이 '청구권'은 샌프란시스코 대일평화조약 제4조에 나와 있는 것인데,[8] 그것은 식민 지배와 피지배라는 관계에 있던 나라끼리의 피해 청산을 의미하는 것은 아니었다. 물론 일본의 식민 지배 책임은 조약의 어디에도 쓰여 있지 않았다. 따라서 '청구권' 처리와 식민 지배 청산은 같이 묶을 수 없다.

그러나 최종적으로 일본 측은 미국의 도움을 받아 '청구권' 문제를 '경제협력'으로 처리하는 정치적 결착으로 한국 측을 몰아갔다. 이렇게 해서 맺어진 청구권경제협력협정에서는 '청구권' 문제는 '완전히 그리고 최종적으로 해결된' 것으로 됐다. 여기서는 식민 지배와 전쟁에서의 피해와 책임은 명백히 밝혀지지 않았고, 물론 사죄와 보상도 이루어지지 않았다. 한일조약으로는 식민지 지배가 청산되지 않았던 것이다.[9]

그 후 한국에서 1980년대 말 민주화가 진행됨에 따라 비로소 본격적으로 보상을 요구할 수 있게 되자 피해자들은 일본 재판소에 제소하는 등의 보상요구운동을 시작했다. 그 와중에 일본 정부는 1995년의 '무라야마(村山) 담화', 1998년의 '한일 공동선언'에서 식민지 지배와 침략에 대해 '사죄'를 표명했다.[10] 또 1990년대부터 재한 피폭자, 사할린 거주 한국인, 재일 한국인 군인·군속, 일본군 '위안부' 등의 문제에 대해 불충분하지만 특별조치를 취해 왔다. 이러한 일본 정부의 대응은 한일조약으로는 식민 지배가 청산되지 않았다는 것을 구체적으로 인정한 것이라고 할 수 있다.

식민 지배 청산해서 미래로

'과거 청산'을 한다면 영원히 사과해야 하느냐고 말하는 사람도 있는데, 그렇지는 않다. 피해자들은 충분한 '진실과 화해'를 요구하는 것이지 '영원한 사죄'를 요구하는 것은 아니다.

또 언제까지나 과거에 집착해서는 안 된다면서 '과거 청산'을 부정적으로 보는 경향도 있다. 그러나 잘 생각해 보라. '진실과 화해'가 이뤄지면 평화적이고 우호적인 동아시아를 향한 더욱 좋은 기초가 다듬어져 여러 분야에서 더욱 활발하게 교류를 진행할 수 있을 것이다. '과거 청산'은 긍정적인 것이며, 미래를 위해 하는 것이다.

마지막으로 2001년 8월부터 9월에 걸쳐 남아프리카의 더반에서 열린 '인종주의, 인종 차별, 외국인 배척 및 그와 관련된 불관용에 반대하는 세계회의'를 소개하고자 한다.

이 회의에서 아프리카와 카리브해 제국 대표로부터 식민 지배의 책임을 묻는 의견이 나와 '식민주의가 인종주의, 인종 차별, 외국인 배척 및 그와 관련한 불관용을 초래했다'는 것, '이 제도와 관행의 영향과 존속이 오늘날 세계 각지에서의 사회·경제적 불평등을 존속시키는 요인'이라는 것이 선언에 추가됐다.[11] 이것은 지금도 식민 지배 청산이 보편적으로 요구되고 있음을 보여주는 것이다.

➡ 주

1) 1951년 10월부터 한일 국교정상화 교섭의 결과 1965년 6월 한일조약(기본조약과 4개 협정의 총칭)이 체결돼 국교정상화가 이뤄졌다. 4개 협정의 하나인 청구권경제협력협정에서는 일본이 한국에 '무상 3억 달러'(당시 약 1,080억 엔)를 공여하고 '유상 2억 달러'(장기저리의 정부 차관, 약 720억 엔)를 대부함으로써 재산·청구권 문제는 '완전히 최종적으로 해결된 것을 확인하는' 것으로 되었다. 식민 지배 청산에 대해서는 조약의 어디에도 명기되지 않았다.

2) 개인재산 금액은 '극히 소량의 단편적 자료'에 의해 '추산'했다(조선 인양동포를 보살피는 모임 《재조선 일본인 개인재산액 조사》 1947년 3월 2일, 7쪽).

3) 식민 지배와 전쟁 청산 문제에서는 피해자에 대한 개인보상이 중요하다. 일본 국내에서는 군인 은급·전상병자·인양자·피폭자 등에 대한 개인보상으로 누계 약 50조 엔이 지불됐으며 지금도 계속 지불되고 있다. 한국인 피해자와의 차이는 확연하다(다나카 히로시 〈식민지 지배에 대한 배상·보상은 더 이상 필요 없나?〉 미즈노 나오키·후지나가 다케시·고마고메 다케시 편 《일본의 식민지 지배》 岩波書店, 2001)

4) 한국 정부가 2005년 1월 공개한 한일 교섭 관련 외교문서. 1970년대 박정희 정권에서 대일 민간 청구권 신고법 등이 제정돼 전쟁에 동원돼 사망한 사람에게 1인당 30만 원(당시 약 19만 엔), 채권 1엔당 30원이 지불됐는데, 전 일본군 '위안부'와 피폭자, 재일 조선인, 전상병자, 강제노동 피해자들은 신고 대상 범위에서 제외됐다(다카사키 소지 《검증 일한회담》 岩波書店, 1996년). 박정희 정권은 경제 개발을 우선시했기 때문에 개인청구권 문제를 불충분한 형태로밖에 처리하지 못했다.

5) 다만 한국 정부는 피해자의 인정을 추진하기 위해 일본 측에 자료조사·제공 등을 요구했다. 또 전 일본군 '위안부'와 전급 전범, 시베리아 억류자의 보상 문제 등은 일본 측과 외교 교섭을 하겠다고 하고 있다.

6) 〈대한 경제기술협력에 관한 예산조치에 대하여〉(1960년 7월 22일자 'NHK 스페셜 – 조사 보고, 아시아로부터의 호소 – 추궁받는 일본의 전후처리' 1992년 8월 14일 방송). 니이노베 아키라(新延明) 〈조약 체결에 이르는 과정〉(《계간 청구》 16, 1993)

7) 대장성 이재국 외채과 《일한 청구권문제 참고자료(미정고)(제2분책)》 1963년 6월, 2~4쪽.

8) 1951년 9월 8일 연합국과 일본 간에 샌프란시스코 대일평화조약이 체결됐다. 그러나 한국은 평화조약의 서명국이 되지 못했다. 평화조약 제2조에는 일본은 조선에 대한 "모든 권리·권원(權原) 및 청구권을 포기한다"고 돼 있고 또 제4조에는 양 지역의 '재산' '청구권' 처리는 "일본국과 이들 당국 간의 특별 결정의 주제로 한다"고 돼 있다.
평화조약 제4조에 기초해 이뤄진 한일 청구권 교섭은 식민지 지배와 전쟁 청산을 지향하는 교섭은 되지 못했다. 예를 들면 한국 측이 징용 피해자에 대한 '보상'을 요구하자 일본 측은 '일본인에게도 지불하지 않은 보상금을 지불할 수는 없다'며 응하지 않았다. 또 징용당한 사람에 대한 '미지불금'의 지불을 한국 측이 요구하자 일본 측은 '사실관계'의 증명을 요구했다. 이 '사실관계'는 일본 정부나 기업이 자료를 처분했거나 공개하지 않았기 때문에 명백히 밝힐 수 없었다.

9) 오타 오사무 《일한교섭》(クレイン, 2003). 요시자와 후미토시 《전후 일한관계》(クレイン, 2005).

10) '무라야마 담화' … 1995년 8월 15일, 무라야마 도미이치(村山富市) 총리가 각의결정에 의해 발표한 '총리 담화'. "멀지 않은 과거의 한 시기에 국책을 그르친 결과 전쟁으로의 길을 걸어 국민을 존망의 위기에 빠뜨리고 식민지 지배와 침략에 의해 많은 나라들, 특히 아시아 제국 사람들에게 다대한 손해와 고통을 주었다"면서 "통절한 반성의 뜻을 표하며 신심으로 사죄하는 마음"을 표명했

다.

'한일 공동선언' … 1998년 10월 8일, 오부치 게이조 총리와 김대중 대통령 사이에 교환됐다. '무라야마 담화'를 이어받아 오부치 총리는 "다대한 손해와 고통을 준" 데 대해 "통절한 반성과 진심으로 사죄"를 표명했으며, 김 대통령은 "이를 평가"하고 "미래지향적 관계를 발전시킬" 노력의 필요성을 지적했다.

11) 그러나 이 선언은 미합중국과 이스라엘 대표가 퇴석한 후에 채택되었고 식민지 지배에 대한 배상·보상 문제는 일본을 포함한 '선진' 제국의 반대로 삭제되었다. (이타가키 류타 〈식민지 지배 책임을 정립하기 위하여〉 (岩崎稔 외 편저 《계속되는 식민지주의》 靑弓社, 2005).

17. 독도 문제는 어떻게 생각하면 좋은가?

나카오 히로시 (仲尾宏)

근대국가는 그 지배와 통치영역, 즉 국가의 법령이 미치는 범위를 확정하기 위해 국경의 확정과 영토 보유 선언을 해 왔다. 그때 기준이 된 것은 어느 나라 또는 누가 그 지역을 최초로 '발견'했으며, 그 후 어느 나라가 실질적으로 그 지역을 지배했는가 하는 것이다. 그러나 그것도 절대적인 그리고 만인을 납득시키는 공리는 아니었다.[1]

전근대의 독도 문제

독도(일본에서는 다케시마(竹島)라고 부른다)의 경우 문헌상 확실한 기록으로는 《세종실록지리지》(1432)가 가장 빠르다.[2] 또 1696년(겐로쿠 9) 조선의 민간인 안용복이 울릉도와 독도를 경유해 오키(隱岐) 섬 뒤편 해안에 도착했을 때 번(藩) 관리의 심문에 답한 기록[3]이 있다. 그 안에는 '조선팔도'의 '강원도' 항목에 "이 도 안에 죽도와 송도가 있다"고 명기돼 있다. 안용복의 증언은 수미일관하지 않은 점도 있지만, 일본 측에서 이렇게 기록한 것은 중요하다. 즉, 조선이 송도(현 독도)를 자국의 영역으로 인식하고 있다는 것을 일본 측이 알고 있었던 것이다. 그러나 일본 외무성의 견해는 "한국이 이 섬을 실질적으로 지배했다는 것을 나타내는 명확한 근거는 제시돼 있지 않다"고 하여 이들 사료를 무시하고 있다.

다른 한편에서 일본 외무성은 실질적 지배의 근거로 1618년(겐나 4) 요나고(米子)의 오타니(大谷)·무라카와(村川) 양가가 울릉도에서의 선단 채집, 전복 채취, 강치 포획 등의 '도해 허가'를 막부로부터 얻어 울릉도로 가는 도중 독도에도 들렀다는 것, 그리고 1661년(간분 원년)에는 이 섬을 양 집안이 '배령'[4]하고 있었다는 것을 든다.

한편 1667년(간분 7)에 쓰인 사이토 도요히토(斉藤豊仙)의 《은주시청합기(隱州視聽合記)》에서는 오키 섬이 "운슈(雲州)의 끝"이라 하여 그 뒤는 일본국의 지배가 미치는 곳이 아니라는 인었다.[5] 이렇듯 전근대만 놓고 보더라도 한일 양국의 주장은 크게 다르다.

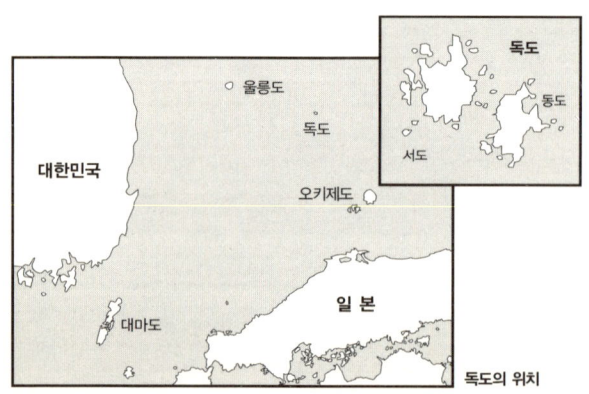

독도의 위치

① 세종실록지리지	우산도	무릉도
② 겐로쿠 9년 각서(안용복 착안 보고서)	송도	죽도
③ 은주시청합기	송도	죽도 (또는 기죽도)
④ 현재 일본 측	죽도	울릉도
한국 측	독도	울릉도

②③은 일본 측 사료, 이 밖에 메이지 10년 태정관 회답에서는 "죽도 외 1도"라고 호칭,
이 죽도는 울릉도를 가리킨다.

근대의 독도 문제

일본이 근대적 국가로 출발한 메이지유신 후에도 양국의 견해는 일치하지 않는다.

1877년(메이지 10) 3월 오쿠보(大久保) 내무경의 대리로 내무소보였던 마에지마 히소카(前島密)는 우대신인 이와쿠라 도모미(岩倉具視)에게 '울릉도 외 일도(현 독도) 지적 편찬 방향'을 제출했다. 그 취지는 앞선 겐로쿠 연간의 상호 대응 결과를 참고로 "판도의 취사는 중대 사건"이기 때문에 새롭게 태정관의 재결을 요구한 것이다.

이에 대해 태정관은 "문의한 울릉도 외 일도는 본국과 관계가 없다고 생각할 것"이라는 회답을 동년 3월 29일부로 냈다. 이 건에 대해서도 일본 외무성은 왠지 침묵을 지키고 있다.

이번 '독도 문제'의 발단은 2005년 2월 시마네(島根)현의회가 '독도의 날을 정하는 조례'를 가결한 것에서 비롯됐다.[6] 그것은 1905년(메이지 38) 1월 28일 내무성 공시[7]에 의해 독도를 시마네현에 편입한 사실로부터 100주년이라는 의미가 포함돼 있었다.

당시에는 일본과 러시아 간에 러일전쟁이 시작돼 '동해해전'을 앞두

고 독도 주변은 전략적으로 중요한 의미를 가진 수역이었기 때문에, 이 '대여원(貸與願)'을 좋은 기회로 삼아 일본 영토의 일부로 편입해 두는 것이 필요하다고 판단했을 것이다.[8]

《만화 혐한류》에서는 "한국은 주권국가였다"(248쪽)고 했지만, 당시의 대한제국은 제1차 한일협약에 따라 자주적 외교에 현저하게 제약을 받았다.[9] 때문에 한국 측은 이 '편입'을 국토가 억지로 착취당했다고 받아들여 이후 36년간의 일본 식민 지배의 상징적 사건으로 역사 속에 자리매김하고 있는 것이다.

일본 측은 "영토편입 조치를 외국 정부에 통고하는 것은 국제법상의 의무가 아니다"라고 하지만 이 점에 대한 양자의 견해차는 180도 다르다고 할 수 있다.

전후의 독도 문제

제2차 세계대전 종료 후 "일본 영토는 일본 본토 주변의 도서로 한정한다"는 카이로선언 내용을 근거로 영토 확정의 모든 조치가 취해졌다. 여기에서도 '독도 문제'는 모호하게 방치됐다. 1946년(쇼와 21)부터 48년까지 제작된 GHQ의 몇몇 각서에는 동 섬의 행정권을 일본으로부터 분리한다고 돼 있다. 그런데 다른 한편에서는 "영토 귀속의 최종 결정은 아니"라고도 했다. 또 1952년(쇼와 27) 4월 발효된 대일강화조약에서는 조약[10]의 조기 체결을 희망한 미국이 독도라는 이름을 거론하지 않고 모호하게 끝냈다.

1965년(쇼와 40)의 한일기본조약에서는 본문이나 교환 공문에서 독도는 일절 언급하지 않았다. 일본 정부는 "금후의 절충사항"에 해당한 다고 해석하고, 그 후 매년 '구상서(口上書)'를 제출하고 있지만 역대 한국 정부는 '이미 해결된 문제'라며 상대하지 않는 한편 섬의 실질적 지배를 점차 강화하는 쪽으로 나갔다.[11]

이러한 움직임이 있는 가운데 1998년 양국 간에 맺어진 소위 신어업협정에서는 일본 측은 독도 수역을 '협동관리수역', 한국 측은 '중간수역'이라고 부르고 영해(12해리) 밖에서는 조업을 인정해 어업분쟁을 회피하고 있다. 그러나 최근에는 섬 주변의 해저지형 조사 문제가 쌍방에서 제기돼 새로운 과제도 생기고 있다.

주민·시민의 이해를 최우선으로

처음에 이야기한 바와 같이 분쟁지역의 영토·영해 확정에 대한 절대적 기준은 없다. 또 영토·영해의 확보는 제1급의 '국익' 문제라는 견해가 있는데, 그것을 생각할 때 추상적인 국가의 이해보다 그 구역에 생활과 안정을 맡기지 않을 수 없는 주민·시민의 이해를 최우선으로 생각할 필요가 있다. '불법점거'라고 소리높이 외치기보다 실제로 독도 주변의 어업자에게 안전한 대책과 조치는 무엇인가 하는 시점에서 출발해야 할 것이다.

그런 점에서는 최근 10년 이래 섬의 실질적 지배 상황을 떠나 불필요한 충돌을 회피하고 상대를 자극하지 않는 정책을 양국 정부는 큰 틀에서 취해 왔다. 이러한 외교 감각이야말로 중요하다고 할 것이다.

또 양국의 역사연구자·해사전문가·국제법학자 등에 의한 공동 연구의 축적도 바라고 싶은 점이다.[12] 국가를 초월한 보편적 인권 감각을 갖지 못한 내셔널리즘은 사람들에게 불필요한 증오와 멸시를 안겨줄 뿐이다.

▶ 주

1) 예를 들면 제국주의 열강에 의한 지구상의 땅 빼앗기 경쟁 속에서 그곳에 주민이 생활하고 있음에도 제멋대로 '영유'를 선언했다. 일본의 경우도 아이누 사람들의 명확한 동의를 얻지 않고 '홋카이도'를 점유해 본토 편입을 추진했다.

2) 《세종실록지리지》에는 "강원도 울진현에 우산·무릉도의 두 섬이 있다"(현대어역, 이하 동)고 돼 있다. 무릉도가 울릉도, 우산도가 현재의 독도라고 해석된다. 이 글 뒤에는 "이 두 섬은 그렇게 멀지 않아 날씨가 좋으면 볼 수 있다"고 돼 있기 때문이다. 즉, 이 시대의 조선에서는 독도를 동해안 바다의 자국의 섬으로 인식하고 있었다는 견해가 성립되는 것이다.

3) 이 '겐로쿠9병자년조선주착안1권지각서(元禄九丙子年朝鮮舟着岸一巻之覚書)'는 오키의 무라카미케(村上家) 구장의 것으로, 2005년 5월 《산인중앙신보(山陰中央新報)》에 이 문서의 내용이 보도됐다.

4) 이 '배령'은 무가의 소령 지배와 다른 개념으로 생각해야 하는 것으로, 도해 허가를 양 집안이 '배령'으로 기록한 것으로 보인다.

5) 돗토리(鳥取)번도 1695년(겐로쿠 8)에 막부 로주(老中)의 물음에 대해 "독도·송도 기타 양국(因幡·伯耆) 부속 섬은 없다"고 회답하고, 1699년(겐로쿠 12)에는 울릉도에의 출입을 금지했다.

6) 시마네현이 '독도 문제'가 전혀 해결되지 않고 자연 소멸될 것을 두려워한 나머지 "국민 여론의 계발을 꾀하고 국가에 대해 적극적 대책을 촉구하고자"(澄田信義 지사) 제안, 가결한 것이다.

7) 내무성 공시의 계기가 된 것은 오키의 나카이 요사부로(中井養三朗)라는 사람이 강치잡이를 위해 독도 주변의 '대여원'을 중앙관청에 제출했는데, 외무성 등의 의견에 의해 시마네현에 관할 내의 공시를 제시한 것이다. 내무성은 당초 "한국 영지일 수 있다"고 했다.

8) 한국은 이것을 이듬해인 1906년 3월 울릉도에 온 시마네현 사무관으로부터 처음 들었다.

9) 제1차 한일협약으로 한국 정부는 일본 정부가 추천하는 외국인 고문을 고용하고 '외교에 관한 업무는 모두 그 의견을 물어 시행할 것' 또 '외국과의 조약 체결, 기타 중요한 외교 안건'은 '사전에 일본 정부와 협의할 것'으로 되어 있어 사실상 대외교섭권은 모두 일본 정부가 가지고 있었다.

10) 《만화 혐한류》는 "강화조약에서는 일본령으로 정해져 있었다"(249쪽)고 했다. 그러나 그런 사실은 조문 어디에도 없다.

11) 전후 이 섬을 둘러싼 해석과 혼란은 미국의 대일정책 변화와도 관련돼 있다. 현재 일본 정부는 국제사법재판소에 제소를 제안하고 있는데 당사국인 한국이 응하지 않아 이 방법에 의한 해결 또한 교착 상태에 있다.
1966년 배타적 경제수역(EEZ) 설정이 국제사회에 제기돼 한국 측은 울릉도를 기점으로 해서 200해리(겹치는 구역은 그 중간선)를 설정했다. 최근 한국은 이 기점을 독도로 변경했다.

12) 일찍이 자주 유혈사태를 일으켰던 러시아와 중국이 수천 킬로미터에 이르는 국경 확정을 대화로 해결한 최근의 사례를 본보기로 삼았으면 한다. 또 독도 문제의 더욱 자세한 역사적 경위에 대해서는 나이토 세이추(内藤正中) 《죽도(울릉도)를 둘러싼 일조관계사》(多賀出版, 2000), 가지무라 히데키 《죽도=독도 문제와 일본국가》(《조선연구》 182호, 1978년 9월, 후에 《가지무라 히데키 저작집》 5권, 明石書店, 1993년에 수록)를 참조할 것.

18. 한국의 '과거 청산'은 어떻게 되고 있나?

후지나가 다케시 (藤永壯)

연이은 '과거 청산' 관련법 제정

최근 수년간 한국은 '과거 청산'을 목적으로 한 법률을 다수 제정했다. 또 국가정보원(옛 국가안전기획부)·국방부·경찰청 등의 공안기관에서도 노무현 대통령의 의향을 받아 '과거사' 진상조사위원회를 조직해 그때그때 조사 결과를 공표하고 있다.

그런데 일본에서는 이러한 움직임을 곧잘 식민지 지배에 따른 피해 보상이나 소위 '친일파' 단죄 작업으로 한정해 이해하고는 한다.[1] 특히 우파 세력 일부는 과거 청산으로 상징되는 한국의 개혁 물결을 '좌경화'로 선전해 공격하고, 《만화 혐한류2》도 "그들(친일파 - 인용자)의 공헌은 언급하지 않고 지금의 가치관으로 친일파를 단죄하는 것은 이상하다고 하지 않을 수 없다"(227쪽)고 주장한다. 한국의 과거 청산 실태는 과연 어떠한가?[2]

다음 쪽 표에 표시한 바와 같이 한국의 과거 청산 관계 법률은 일본의 식민 지배 시기뿐만 아니라 해방-분단-건국 시기를 거쳐 이승만·박정

〈표〉 한국의 주요 과거 청산 관련법(2006년 8월 19일 현재)

	제정일	대상
≪노태우 정권기(1988. 2~1993. 2)≫		
광주민주화운동 관련자 보상 등에 관한 법률	1990. 8. 6	C
≪김영삼 정권기(1993. 2~1998. 2)≫		
5·18 민주화운동 등에 관한 특별법	1995. 12. 21	C
거창사건 등 관련자의 명예회복에 관한 특별조치법	1996. 1. 5	B
≪김대중 정권기(1998. 2~2003. 2)≫		
제주 4·3사건 진상규명 및 희생자 명예회복에 관한 특별법	2000. 1. 12	B
민주화운동 관련자 명예회복 및 보상 등에 관한 법률	2000. 1. 12	C
의문사 진상규명에 관한 특별법	2000. 1. 15	C
민주화운동기념사업회법	2001. 7. 24	C
≪노무현 정권기(2003. 2~)≫		
삼청교육 피해자의 명예회복 및 보상에 관한 법률	2004. 1. 29	C
일제 강점하 강제동원 피해 진상규명 등에 관한 특별법	2004. 3. 5	A
노근리사건 희생자 심사 및 명예회복에 관한 특별법	2004. 3. 5	B
일제 강점하 반민족행위 진상규명에 관한 특별법	2005. 1. 27	A
진실·화해를 위한 과거사정리기본법	2005. 5. 31	A B C
친일 반민족행위자 재산의 국가 귀속에 관한 특별법	2005. 12. 29	A

[비고] '대상' 난의 A~C는 각각 다음의 내용을 나타낸다.
  A : 일본 식민 지배기의 피해자 및 대일협력자를 대상으로 하는 것.
  B : 분단 과정부터 한국전쟁기의 민중학살·박해사건을 대상으로 하는 것.
  C : 군사정권기의 민주화운동 탄압, 인권유린 사건을 대상으로 하는 것

희·전두환 정권에 이르는 시기도 대상으로 한다.[3] 특히 최근에는 해방 후 한국전쟁과 군사정권 시기에 국가권력이 민중에 가한 폭력·학살·인권유린 등의 실태를 밝히고, 그 피해의 회복·보상· 재발 방지를 위한 입법화를 요구하는 운동이 연이어 전개돼 왔다.

이 장에서는 우선 일본에서도 약간 보도된 바 있는 친일파 청산에 관한 움직임을 중심으로 소개하고자 하는데, 한국의 과거 청산은 식민 지배에 관한 문제에 그치는 것이 아니라 오히려 해방 후 국가폭력을 적극적으로 문제시하고 있다는 점을 특히 강조해 둔다.

좌절된 해방 직후의 '친일파' 청산

 2005년 1월 우여곡절 끝에 '일제 강점하 반민족행위 진상규명에 관한 특별법'이 제정됐다.[4] 이미 그 전 해 3월 거의 같은 명칭의 법률이 공포됐는데 역사연구자와 시민운동단체로부터 충분한 진상규명을 기대할 수 없다는 비판의 소리가 높아 전면 개정한 것이었다. 그런데 왜 식민지배에서 해방된 지 60년이 지난 오늘에 와서야 반민족행위의 진상규명을 위한 법률이 제정된 것일까? 그 사정은 한국현대사의 맥락에 따라 이해할 필요가 있다.

 한국에서 친일파 청산의 필요성은 프랑스 등에서의 나치 협력자 처벌에 비유해 설명하는 경우가 많다. 자신의 이익을 위해 침략자와 손잡고 민족공동체를 배신하는 행위를 한 정치세력은 국가 차원에서 민족적 아이덴티티를 회복하는 데서 반드시 배제해야 하는 존재였다. 때문에 자주독립국가 건설의 전제조건으로 친일파 처벌은 필수불가결하다는 인식이 넓게 민족해방운동 세력 속에 공유되고 있어 해방 이래 가장 중요한 정치과제의 하나가 됐던 것이다.[5]

 대한민국 성립 직후인 1948년 11월, 한국 국회는 '반민족행위처벌법'을 제정하고 이 법률에 근거해 이듬해 2월 국회 내에 설치된 '반민족행위특별조사위원회'(반민특위)가 반민족행위 조사에 착수했다. 그러나 취약한 정치기반을 강화하기 위해 정권 내부에 다수의 친일파를 등용했던 당시의 이승만 대통령은 친일파가 간부로 있던 경찰로 하여금 반민특위를 습격하게 하고 또 반대통령파 의원을 공산주의자와 내통한다고 조작해 탄압했다.

 이렇게 해서 해방 직후의 친일파 청산은 좌절되고, 대일협력자가 국가권력의 중추에 앉는 도착된 구조가 태어났다.[6] 《만화 혐한류2》는 식민 시기의 민족해방운동을 비하하면서 "해외에서 독립운동을 칭하며 테러활동을 하던 자들이 국가 건설에 종사하게 되었다"(228쪽)고 말하는데, 사실은 그 정반대였다.

'과거 청산'의 시작

이승만 대통령 실각 후 1961년 군인 출신인 박정희 대통령이 쿠데타를 일으켜 정권을 장악했으며, 그 후 광주민주화운동(1980)을 무력으로 탄압하고 권력의 자리에 오른 것도 군인인 전두환 대통령이었다. 양 대통령 때도 정권을 지탱했던 것은 친일파 혹은 그 후계자·동조자였기 때문에 친일파 청산은 불가능했다.[7]

일반적으로는 1987년 6월 민주항쟁을 계기로 한국의 정치체제가 민주화됐다고는 하지만, 정권은 그 후로도 기득권층의 손에 있었으며 공안기관을 비롯한 관료군의 구성도 바뀌는 일이 없었기 때문에 친일파 청산에 착수할 수 없었다.

6월 민주항쟁은 광주민주화운동에 대한 탄압 과정에서의 학살 책임을 묻는 다름 아닌 '과거 청산' 요구를 기폭제로 한다. 따라서 광주학살 사건의 진상규명과 책임자 처벌은 6월항쟁 후 노태우·김영삼 양 정권의 중요한 정치 과제가 됐다. 그러나 광주사건 이외의 '과거 청산'을 본격적으로 추진하기 위해서는 김대중 정권의 탄생에 의한 정권교체를 기다리지 않으면 안 되었다.[8]

'과거 청산'이 가지는 의미

한국에서 친일파 청산이 아직까지 중요한 정치 과제로 인식되는 것은 친일파와 그 계보를 잇는 정치세력이 식민지기의 대일협력은 물론 해방 후에도 권위주의 정권의 중핵세력으로서 민중에 대한 폭력·학살·인권유린의 주체가 됐기 때문이다. 바꿔 말하면 과거 청산의 최대 목적은 한국사회의 민주주의를 굳건히 하는 데 있다고 할 수 있다. 수많은 희생 위에 싸워 쟁취한 민주사회를 지켜내고 더욱 발전시키려는 강한 결의가 과거 청산 사업을 후원하고 있는 것이다.

과거 청산 지지자들이 한결같이 주장하는 것은 역사의 잘못을 스스로 바로잡음으로써 미래를 창조할 수 있다는 인식이다. 이에 대해 수구세력은 현 정권을 비롯한 과거 청산 추진자들을 '용공' '친북'이라고 공격한다. 옛날의 권위주의 정권과 전혀 다르지 않은 논법으로 한국사회에 깊이 뿌리 내린 공산주의 콤플렉스에 호소하며 자신의 도의적 책임을 벗어나려는 전략인 것이다.

세계 각국의 사례에 눈을 돌려 보면 권위주의 정권의 붕괴에 수반된 과거 청산은 1980년대부터 1990년대에 걸쳐 라틴아메리카 여러 나라와 남아프리카공화국에서 이미 전례가 있었으며, 국제사회에서는 인권 보장이라는 관점에서 과거 청산의 보편적·전인류적 의의가 인정된다.[9] 그러나 일본사회에서는 이러한 문제의식을 가지고 한국의 과거 청산에 주목하는 움직임은 거의 보이지 않는다.

한국의 과거 청산에 대한 일본사회의 무이해·무관심은 바로 '현재' 일본의 사상 상황을 그대로 나타내 주는 것으로 생각된다. 한국의 과거 청산은 기본적으로는 국내 문제로 처리돼야 하지만, 동아시아의 평화와

화해를 바라는 입장에서 보면 일찍이 일본사회가 한국의 민주화운동에 쏟은 관심과 같은 지평에 서서 그 귀추를 주시해야 할 것이다.

➡ 주

1) 여기서 '친일파'란 '일본에 호의를 가지고 있는 사람들'이라는 일반적 의미가 아니라 일본 식민지배기의 대일협력자 혹은 민족반역자를 가리킨다.

2) 한국 과거 청산의 전반적 경과에 대해서는 졸고 〈한국의 과거 청산이란 무엇인가〉《情況》제3기 제6권 제9호, 2005년 10월) 참조.
그 의의를 더 깊이 알기 위해서는 한홍구 저, 다카사키 소지 감역《한홍구의 한국현대사 - 한국은 어떤 나라인가》(平凡社, 2003)《한홍구의 한국현대사Ⅱ - 부(負)의 역사에서 무엇을 배울 것인가》(平凡社, 2005)의 일독을 권한다.
또 한국을 비롯한 동아시아의 국가폭력 실태와 그 청산 과정에 대해서는 서승 편《동아시아의 냉전과 국가 테러리즘 - 미일 중심 지역질서 폐절을 향하여》(御茶の水書房, 2004)에 참고되는 논고가 다수 수록돼 있다.
이 밖에 일본에서 특히 관심이 높은 제주 4·3사건의 경과, 진상규명운동, 특별법 제정 과정과 그 결과에 대해서는 문경수《제주도 현대사 - 공공권의 사멸과 재생》(新幹社, 2005)이 알기 쉽게 소개하고 있다.

3) 과거 청산에 관한 법률은 이제까지 개별안건마다 특별법 형식으로 입법화됐는데 2005년 5월 '진실·화해를 위한 과거사정리기본법'(과거사법)이 성립됨에 따라 과거 권력기관의 폭력을 포괄적으로 규명하는 법제도가 정비됐다. 같은 해 12월 과거사법 시행과 함께 조사 대상 선정, 진상규명 등을 담당하는 '진실·화해를 위한 과거사정리위원회'가 설치돼 조사활동을 개시했다. 이 밖에도 특별법에 의해 설치된 각 위원회도 활동 중이며, 과거 청산 작업은 바야흐로 중요한 시기를 맞이하고 있다.

4) 이 법률의 목적은 어디까지나 반민족행위의 진상규명에 있으며 처벌 등은 포함돼 있지 않다.

5) 따라서 한국의 '친일파' 청산은 어디까지나 민족 내부에서 민중에 대한 억압자 입장에 있던 사람의 책임을 묻는 것이 일차적 목적이며, 이를 '반일정책'이나 '반일감정'의 소산으로 보는 발상은 근본적으로 잘못이다.

6) 한국 정부의 초대 내무부 장관을 지낸 윤치영은 다음과 같이 회상했다. "언론의 주장과 일반 국민의 여론에 따라… 친일분자의 등용은 피해야 함에도 능력본위로 사람을 뽑다 보니 일제하에서 고등문관 직에 있던 사람이 들어오는 것을 배제할 수 없어 다툼의 원인이 되기도 했다"(윤치영《동산회고록 - 윤치영의 20세기》삼성출판사, 1991, 221쪽). 그리고 이승만 대통령을 퇴진으로 내몬 4·19혁명(1960) 직후의 보도에 따르면 3만3,000여 명의 경찰관 중 제복경찰관의 약 10%, 사복경찰관의 약 20%가, 또 경위의 약 15%, 경감의 약 30%, 총경의 약 40%, 경무관·이사관의 약 70%가 식민 시대 경찰관 출신자였다고 한다. 〈제2공화국으로의 고동 ④경찰〉《동아일보》1960년 5월 8일 조간).

7) 특히 식민지기 일본의 관동군 중위였던 박정희 대통령은 종종 '친일파'로 분류된다.

8) 6월항쟁 이후 재야 연구자에 의한 친일파 실태 해명 작업은 1991년 설립된 반민족문제연구소(현 민족문제연구소) 등을 중심으로 착실한 진전을 보이고 있다. 1990년대 들어 시민운동단체와 저널리스트들의 조사로 과거 국가권력의 실태에 대해 많은 새로운 사실이 발굴됐다. 특히 한국전쟁 발발 직후 한국군·경찰이 국민보도연맹('전향자'로 간주된 인물을 강제 가입시킨 교화·감시 조직) 가입자 등을 집단 학살한 사건이나 퇴각 중이던 미군이 주민 약 300명을 총살한 노근리사건 (1950년 7월 26일) 등은 한국사회에 큰 충격을 주었다.

9) 유엔 인권위원회 '인권차별 방지와 소수자 보호에 관한 소위원회'의 테오 반 보벤(Theo van Boven) 특별보고자는 중대한 인권침해 피해자에 대한 배상 형태로 보상(금전 또는 현물로 제공하는 배상)과 금전에 의하지 않은 배상 두 종류를 들었다. 후자는 사실 확인과 진실의 개시, 침해에 대한 책임의 공식 인정, 책임자 재판, 재발 방지 등 7항목으로 이루어진다. 테오 반 보벤 〈중대한 인권침해의 피해자에 대한 배상〉(일본변호사연합회 편 《세계에 추궁받는 일본의 전후처리②》東方出版, 1993) 29~30쪽. 그러나 실제로는 세계 각국의 과거 청산에서 인권침해자 처벌은 거의 실행할 수 없는 상황에 있다. 이러한 한계는 세계의 인권단체·인권기구의 관심을 끌어 유엔에서도 이 문제가 제기되기 시작했다고 한다. 박원순 〈세계 각국은 과거사를 어떻게 심리했는가?〉(올바른 과거 청산을 위한 범국민위원회, 《진실과 정의의 회복을 위해》 한국학술정보, 2005) 265~266쪽.

19. 한국은 '반일' 일색인가?

현 무 암 (玄武岩)

한국에서는 반일교육이 횡행한다고 한다. 만약 그렇다고 하더라도 한국 국민은 그런 캠페인에 놀아나는 사람들일까?

'반일'이 아니라 '반공'

아마 현재 한국이 민주화한 상황에서 보면 불과 십 수 년 전까지의 군사독재시대가 아득히 먼 옛날의 일처럼 느껴질지 모르겠다. 그 독재정권 아래 한국에서는 언론의 자유가 극도로 제한됐을 뿐 아니라 국가 주도 이데올로기에 의해 여론은 획일화돼 있었다. 그 국가 이데올로기란 '반일'이 아니라 '반공'이었다.

반대운동을 무릅쓰고 일본과 국교정상화를 추진한 박정희 정권은 반공주의를 기반으로 한 개발독재의 국가주의 이데올로기를 통치 이념으로 했다. 박 정권에서 전두환 정권에 이르는 시기의 반공교육은 철저했다. 교과서에는 '반공 소년'의 용감한 이야기가 실리고, 음악시간에는 반공·개발주의를 찬양하는 노래를 불렀다. 반공웅변대회와 반공포스터대회는 정례적으로 열렸다. 학교에서는 "반공민주정신에 투철한 애국애족이 우리의 삶의 길이며…"라는 교육칙어를 방불케 하는 '국민교육헌장'을 암기했는데, 거기에도 '반일'은 한마디도 없다. 한국의 '민도가 낮'다면 그것은 반일교육이 아니라 반공교육 탓이었다.[1)]

그러나 현재 한국에서는 민주화가 정착하는 과정에서 그러한 상황도 변하고 있다. 반공주의는 쇠퇴하고 학교에서는 통일교육이 반공교육을 대신한다. 남북통일 방식도 북한의 붕괴가 아니라 남북의 경제적 격차를 시정해 가는 한반도의 평화와 공존이 합의를 얻어가는 것이다.

역사와 진지하게 마주하는 것

물론, 한국이 '반일'과 무관하다는 것은 아니다. 한국에서는 '여명의 눈동자'(MBC, 1991년 10월~92년 2월), 《무궁화 꽃이 피었습니다》(김진명, 1993) 같은 '반일 드라마'와 '반일 소설'이 인기를 얻었다. 그러나 이

그림1
《만화 혐한류2》 30쪽

184 | 한국과 일본의 새로운 시작

들 작품은 '반일'이 이야기의 중심은 아니다.[2] 한반도는 20세기 전반에 일본의 식민 지배를 경험했기 때문에 역사와 마주할 때 필연적으로 '일본'이 등장하는 것이다. 대하 드라마나 역사 청산의 흐름 속에서 표출되는 '일본'을 가지고 '반일'이라고 한다면 한국에서는 지금 일상생활 속에 오히려 일본의 대중문화와 식문화 등 '친일'이 넘치고 있다고 할 수 있을 것이다.

식민 통치에 대한 독립운동을 이념으로 성립한 한국에서 일본에 가해자임을 인정하기를 요구하거나 피해의식이 반전돼 문화적 우월의식으로 나타나는 일도 있을 것이다. 그러나 다른 한편으로 그것은 질서와 경제력을 갖춘 선진국으로서의 일본에 대한 선망적 이미지와도 결부돼 복잡한 형태로 표출된다. '반일'이 존재한다고 해도 그것은 사회 속의 다양한 가치의 하나에 지나지 않는다. 더구나 민주화가 진행되는 한국에서 하나의 가치가 사회를 지배하는 일은 없다.

민주화와 인터넷의 정치

한국의 군사정권은 국가보안법·반공법을 내세워 언론과 사상, 정치활동을 통제하고 민주주의와 인권을 억압했다. 때문에 한국의 민주화운동은 언론의 자유를 획득하기 위한 투쟁이기도 했다. 1987년의 '민주화' 이래 공영방송은 권력의 통제에서 벗어나 내부 개혁을 추진했다. 반면 군사정권의 정치권력이 쇠퇴하자 보수계의 큰 신문이 언론권력으로 부상해 선거 때는 항상 정치에 개입하는 등 영향력을 키웠다. 이런 상황에서 '민주화' 후에도 언론민주화운동이 지속적으로 전개됐는데, 1990

년대 후반에 등장한 인터넷은 한국의 미디어 구조를 크게 뒤흔들어 놓았다. 《오 마이 뉴스》[3]로 대표되는 인터넷신문과 정치토론을 하는 정치 칼럼 사이트 등을 이용해 시민이 정치에 참여하는, 온라인과 오프라인이 결합한 새로운 정치문화가 탄생한 것이다.

국제 저널리스트 단체인 '국경 없는 기자단'은 특파원·법률전문가·인권운동가의 의견을 근거로 2002년부터 매년 각국의 '언론자유지수'를 발표한다. 2006년 한국은 아시아 지역에서는 가장 높은 31위에 랭크됐다. 인터넷신문이 참여형 민주주의를 활발하게 하고 독점적 미디어 상황을 해체함으로써 언론·표현의 자유 신장에 중심 역할을 했다는 점이 높이 평가된 것이다. 말이 나온 김에 언급하자면 일본은 51위였다.

물론 인터넷 상의 여론은 때로는 집단주의에 빠지는 일도 있다. 황우석 교수의 줄기세포논문 날조 의혹으로 흔들린 한국에서는 국익을 중시하는 풍조가 진실 규명을 압도했다. 그러한 가운데에서도 《오 마이 뉴스》 등은 국익 우선의 여론을 '비뚤어진 애국주의'라고 비판했고, 날조 의혹을 제기한 MBC의 시사 프로그램 'PD수첩'은 여론의 압력에 굴하지 않고 진실을 추구했다. 민주화한 언론과 인터넷이 있었기 때문에 한국 국민은 진실과 마주할 수 있었던 것이다.

민주화에서 기본적 인권의 회복으로

민주화의 진전에 따라 한국에서는 군사정권시대에 유린된 인권뿐만 아니라 '민주화'라는 대의의 배후로 쫓겨난 여러 기본적 권리의 회복이 추진되고 있다.

2001년 11월 25일 독립국가기관으로 발족한 국가인권위원회[4]는 한국사회에 숨어 있는 갖가지 인권침해에 눈을 돌렸다. 예를 들면 화교는 유·무형의 차별을 받아 왔는데, 국가인권위원회는 정규 학교로 학력이 인정되지 않는 화교학교의 학력 인정을 위한 대책을 세우도록 교육부총리에게 권고했다.

또 한국에서는 지방선거에서 영주 외국인의 참정권이 인정돼[5] 화교는 2006년 5월 통일지방선거에서 처음으로 선거권을 행사했다. 그러나 여전히 화교는 유·무형의 차별을 받고 있다.

외국인 노동자도 이제까지는 인권의 사각지대에 있었다. 일반 시민이 방송정책에 참가하는 한국의 대표적 시청자 제작 채널인 '시민방송(RTV)'은 '다언어 이주노동자 뉴스'를 아시아 지역 8개 국어로 방송한다. 이것은 이주노동자방송국(MWTV)이 외국인 노동자의 시각으로 제작하는 뉴스 프로그램이다. RTV는 마이너리티 부문의 공익방송으로 인정돼 위성방송과 케이블TV에서 기본 채널로 제공된다.

한국에서 가부장제를 지탱하고 호주를 중심으로 가족을 구성한다고 정한 호주제도는 민법 개정으로 철폐되고(2005년 3월) 양성 평등과 개인의 존엄에 대한 질서 구축을 향해 움직이기 시작했다. 2004년 9월 시행된 '성매매특별법'[6]도 한국의 성범죄 의식을 크게 변화시켰다. 한편 일본의 역사교과서에 대한 문제 제기는 자신들의 국정교과서체계를 뒤돌아보게 하여 검·인정제도로 전환하게 됐다.

과거의 청산도 여러 영역에서 추진 중인데, 그것은 피해와 가해를 불문하고 한국 국민 스스로 관련된 민중에 대한 권력형 폭력에 대한 총체적 재평가다.[7] 역사의 재평가는 해방 후 및 한국전쟁에서의 한국군과 미군에 의한 민간인 학살, 나아가 베트남전쟁에서의 한국군의 학살 행

위에까지 미치고 있다.[8]

　한국에서는 아직도 민주개혁이 진행 중이다. 중요한 것은 한국사회의 치부와 약점을 한국 고유의 문제로 특수화할 것이 아니라, 그것을 공통의 문제로 인식하고 함께 지혜를 짜내 대처하는 것이리라.

➡ 주

1) 그러나 《만화 혐한류2》는 이러한 사실을 무시하고 "반일은 영원히 계속된다"(그림1)고 주장한다.

2) '여명의 눈동자'의 경우 일본군 '위안부'로 동원됐던 여주인공은 태평양전쟁뿐 아니라 '4·3사건'이라는 현대사의 소용돌이에도 휩쓸린다. 당시 '4·3사건'은 말할 필요도 없고 '종군위안부'도 한국이 외면해온 역사의 어둠이었다. 그것은 '반일'이라기보다 역사와 진지하게 마주하는 것이었다. 또 《무궁화 꽃이 피었습니다》가 베스트셀러가 된 것도 실존하는 비운의 재미 핵물리학자인 미스터리를 당시 한국과 미국의 핵무기 개발을 둘러싼 확집에 비추어 전개한 것에 그 이유가 있었다.

3) 한국의 인터넷신문(http://www.ohmynews.com). '시민은 모두 기자'라는 표어를 내걸고 기자 등록을 하면 누구나 기사를 쓸 수 있는 '시민기자 시스템'을 도입해 참여형 저널리즘의 새로운 지평을 열었다고 평가받는다. 일본에서도 2006년 8월 28일 《오 마이 뉴스》일본판(http://www.ohmynews.co.jp)이 창간됐다.

4) 1997년의 대통령선거에서 김대중 후보의 선거공약으로 제기돼 인권의 보호와 향상을 위한 업무를 수행하는 국가기관으로, 국가인권위원회법에 근거해 발족했다. 입법·사법·행정 등 권력기관에 소속되지 않은 독립기관으로서 설립 이래 인권 관련 정책·법령·제도·관행의 개선을 꾀하고 인권침해에 대한 조사와 구제, 교육 및 홍보활동을 전개해 왔다. 장애인·여성·외국인에 대한 차별, 피의자와 수감자에 대한 인권침해, 국가권력에 의한 피해 조사에서부터 피폭자와 탈북자의 처우 개선, 고령자와 아동의 인권보호, 병역 거부자에 관한 조사에 이르기까지 폭넓은 영역에서 사회 내부의 여러 인권 문제와 씨름하고 있다.

5) 이 책 12장 '참정권은 국민 고유의 권리인가?' 참조.

6) 정식으로는 '성매매 알선 등 행위의 처벌에 관한 법률'과 '성매매 방지 및 피해자 보호에 관한 법률'을 가리킨다. 물론 이 법률에 의해 '성매매'가 근절된 것은 아니지만 일본의 소위 '풍속산업'에 종사하는 업자 및 그 이용자가 단속의 대상이 된다.

7) 이 책 18장 '한국의 과거 청산은 어떻게 되고 있나?' 참조.

8) 시사주간지 《한겨레21》의 지속적 보도에 의해 베트남전쟁에서의 한국군의 민간인 학살문제가 해명되고, 그것을 받아 2002년 1월에는 '베트남전쟁 민간인 학살 진실규명위원회'가 발족했다. 이 위원회는 토론회와 심포지엄을 개최하고 베트남전쟁 당시 한국군에 의해 희생된 사람들에 대한 한국정부의 진상 규명과 공식 사죄를 요구했다.

20. 과거와 마주하는 것은 '자학사관' 인가?

이 와 사 키   미 노 루 (岩崎稔)

《만화 혐한류》는 니시오 간지의 저서[1]에 실린 이미 반박된 주장을 더욱 천박하게 원용해 "일본사회는 독일사회에서 거듭돼온 현대사와의 격투를 참고로 스스로의 과거와 마주해야 한다"는 견해를 격렬하게 공격한다. 이에 따르면 독일과 일본은 보상 형식이 다를 뿐이며, '독일인'은 과거에 지은 죄의 책임을 나치에 전가함으로써 자신들은 죄가 없다고 인식한다는 것이다. 과연 그럴까?

국가배상 대 개인보상

우선 보상 문제에 대해 니시오는 독일과 일본은 보상 형식이 조금 다를 뿐 마치 각각 피해보상을 해온 것처럼 주장한다.[2] 그런데 이 둘을 단순히 대립하고 상쇄되는 것처럼 그리는 것은 잘못이다. 국가 간 배상을 뒤로 미룬 사정은 있다고 하더라도 독일이 해온 것은 틀림없는 국가에 의한 보상이며, 그 대상이 되는 개인을 특정하는 작업은 피해국과 피해자 단체인 '대독물적보상청구유대인회의'³⁾ 등을 통해 추진하면서 시대마다 그 대상·내용·형식을 확대해 왔다.

그와 동시에 뉘른베르크재판과 그 후의 재판, 뿐만 아니라 국내 사법제도를 통해서도 가해자의 형사책임을 추궁하는 노력을 지속해 왔다. 나치와 관련한 범죄는 시효가 철폐되고, 사회의 다양한 영역에서 과거의 가해 책임을 상기하려는 노력이 '잊혀진 희생자'의 문제로 추진되고 있다.⁴⁾ 물론 이러한 노력이 필요한 이유는 책임을 일부 사람들에게 전가하고 잊어버리려는 경향이 항상 존재했기 때문인데,⁵⁾ 이를 허용하지 않는 자세는 일본에 비할 바가 아니다.

이에 반해 일본 정부는 전후보상 문제는 샌프란시스코강화조약과 양국 간 조약에 의해 "해결됐다"고 주장해 마지않는다. 비록 정부 간에 청구권 포기가 있었다고 하더라도 개인의 청구권이 소멸되는 일은 없기 때문에 계속 여러 제소가 일어나는 것은 당연하다. 이 피해의 실상에 대응하려는 것이 국제적 흐름이다.

일본 정부는 이러한 호소에 계속 귀를 막고 국제적 변화에 부응한 법 정비와 새로운 법적 사고에 등을 돌리고 있다. 정부의 이러한 조치와 해석이, 또 식민 지배의 책임과 전쟁 책임에 대해 너무나 둔감하고 나태하다는 것이 전후보상 문제의 최대 난관이다. 그러므로 독일의 경우를 과장하고 마치 일본 정부도 그 정도의 일을 형태를 달리해 해왔던 것처럼 말하는 것은 문제의 핵심을 은폐하려는 악의에 찬 허위다.

둘째로 독일에서의 개인보상은 '홀로코스트 등 비인도적 행위'에 관한 것뿐이기 때문에 홀로코스트와 관계없는 일본은 보상할 필요가 없다는 주장도 니시오의 '다른 비극'론의 핵심이다.⁶⁾ 나치에 의한 홀로코스트가 '문명의 기본 전제'까지 붕괴해 버리는 사건이었다고 성찰하는

'홀로코스트의 유일성' 이라는 철학적 논의를, 니시오는 통속화하고 완전히 변질시킨 것도 모자라 그것을 일본의 가해 책임을 면죄받기 위해 악용한다.[7] 논의라는 것은 적절한 문맥과 차원을 무시해 사용하면 진부하고 혼란될 뿐인데, 니시오의 주장이 그 좋은 예다. 이 전도(顚倒)를 홀로코스트의 유일성에 대해 사색해온 유럽의 사상가들이 듣는다면 틀림없이 기가 찰 일이다.

    니시오는 한편으로는 홀로코스트의 유일성 비슷한 것을 강조하면서, 다른 한편으로는 교전국 사이에 전쟁 중에 일어난 가해는 국제법상 범죄가 아니라는 19세기적 국가관에 입각해 일본은 무죄라고 주장한다. 그러나 20세기의 세계전쟁시대에 군인과 민간인을 구별하고, 한정된 전쟁을 수행했던 19세기적 전쟁상은 도저히 성립하지 않는다. 또 독일의 경우도 나치즘의 지배가 낳은 복합적 가해의 여러 국면이 나치즘의 행위가 법외이기 때문에 복합적으로 엉켜 있는 것이지, '홀로코스트' 만이 보상의 대상이 된다는 따위의 그의 주장은 사실에 반한다.

    셋째로 강화조약을 맺지 않은 것은 확실히 독일의 전후보상에서 문제가 됐지만, 그 후의 전개가 있다. 니시오의 글과 《만화 혐한류》는 독일 재통일 이후 쓰였음에도 이 점은 숨기고 있다. 강화조약을 맺지 않아 생긴 곤란한 점의 하나는 1953년 런던채무협정에 관한 문제였다.[8] 이 시기에 보상문제의 부담을 회피하려 한 일부 사람들의 획책으로 나치에 의한 전시 '강제연행과 강제노동'에 의한 피해는 전쟁에 의한 처치, 즉 국가배상에 속하는 문제라고 규정된 것이다. 이에 따라 '강제연행'을 포함해 '독일과 교전상태에 있던 나라와 그 국민에 의해 제출되는 문제'는 배상청구의 대상으로 확인은 하지만, 그 이행은 강화조약 체결, 즉 동서독 분단 극복 후까지 미뤄지게 됐다.

그러나 오랫동안 암초에 걸려 있던 '강제노동과 강제연행'에 관한 개인보상 문제는 1989년 독일 통일에 의해 형식적 조건을 갖추게 됐다. 독일 통일 때 옛 점령국이었던 미국·영국·프랑스·러시아와 동서독의 2+4조약이 체결됐는데, 이것이 강화조약을 대체하는 것이라는 본(Bonn)지방재판소의 판단이 판례로 정착해가는 중이다. 그리고 이러한 변화에 촉구돼 '강제연행' 문제에 대한 '기억·책임·미래기금' 설립 법안이 2000년 7월 연방의회에서 승인되고 그 보상이 정부와 기업에 의해 구체적 진전을 보이고 있다.[9] 만약 니시오가 그것을 제대로 썼다면 그 야말로 독일과 비교해 일본에서는 강제연행으로 끌려와 광산 등에서 강제노동을 한 중국인·조선인에 대한 개인보상이 완전히 거절됐다는 사실이 대조적으로 확실해졌을 것이다. 이 점을 쓰지 않은 것은 무지에 의한 것이 아니라면 명백한 사기다.

집합적 책임에 대하여

《만화 혐한류》 속에서 독일이 관련된 또 하나의 장면은, 바이츠제커 연설[10]을 인용하자마자 또 한 명의 캐릭터가 거드름을 피우며 일어서서 그 본뜻을 가르쳐준다는 부분이다. "(바이츠제커는) 요컨대 히틀러와 나치스에 죄가 있지 독일인에게는 죄가 없다는 것입니다. 독일인의 죄는 아니지만 책임은 지겠다. 즉, 돈은 지불하겠지만 죄는 인정하지 않겠다는 것입니다!!"

이 논점도 니시오의 책을 그대로 가져온 것이다. 니시오는 말한다. "대통령은 예의 강연 속에서 관련된 나라들에 '사죄' 하지 않았다. 철저하게 신중한 것을 그들은 알아차리지 못했다. 또 죄는 어디까지나 개인적인 것이지 민족 전체의 '집단의 죄'는 존재하지 않는다는, 얄미울 정도로 주의 깊게 독일 민족을 나락의 구렁텅이로부터 지키는 미묘한 한 줄이 삽입돼 있는 것도 알아차리지 못했다. … '집단의 죄'를 인정하는 것은 어쨌든 두려운 일이다. 죄는 어디까지나 개인적인 것이라는 주장은 대통령뿐만 아니라 독일인 대부분의 대표적 의견이기도 하다. 즉, 죄가 있는 것은 나치 간부나 직접 범행에 관계한 실행범이며, 자신은 관계가 없다는 주장을 언외에 숨기는 것이 죄는 개인적이지 집단적이 아니라는 말의 의미다."[11]

니시오가 "미묘한 한 줄"이라고 한 것은 바이츠제커가 "한 민족 전체에 죄가 있다 혹은 죄가 없다는 것은 있을 수 없습니다. 유죄든 무죄든 집단적이 아니라 개인적인 것입니다"[12] 라고 집합적 죄책이라는 논점에 대해 언급한 부분이다. 이것을 니시오는 앞에서와 같이 확대해석했다. 마음을 비우고 읽기 바란다. 연설의 이 문맥은 나치즘이 일으킨 법외적 범죄행위, 탄압과 억압, 학살과 파괴행위는 결코 일부 사람에게 돌아가는 것이 아니다. 직접 손을 쓰지는 않았어도 그것을 묵인했거나 막지 않은 사람도 책임을 면할 수 없다는 뜻이다.[13] 이러한 문맥을 어떻게 하면 느닷없이 니시오처럼 "나쁜 것은 실행범이며 자신은 관계없다"[14]는 주장으로 읽는 것이 가능할까?

죄를 생각할 때는 무언가 집합적 픽션, 즉 국민이라는 가공의 실체를 내세우는 것이 아니라 오히려 한 사람 한 사람이 자신의 문제로 생각하는 것 외에는 문제를 적절하게 해결할 방법이 없다. 이것이 집합적 죄책이라는 개념을 둘러싼 논쟁의 하나의 논점이다.[15] 집합적 죄책이 아닌 개인적 죄책을 강조하는 본뜻은 니시오의 말처럼 자신들 독일인에게는 죄가 없다고 말하고 싶기 때문이 아니라, 정반대로 죄책의 문제를 진지하게 받아들이기 위해서는 쓸데없이 민족적인 것을 내세우지 말고 각자가 자기 주변을 확실히 응시하면서 생각해야 한다는 것이다. '1억 총 참회'와 같은 말이 전쟁책임을 정면으로 거론할 때 얼마나 유해했던가를 조용히 되돌아보기 바란다.

어쨌든 니시오가 문제 삼은 문장 조금 뒤에서 바이츠제커는 또 말한다. "문제는 과거를 극복하는 것이 아닙니다. 그런 일이 가능할 리 없습니다. 나중에 와서 과거를 바꾼다거나 없었던 일로 할 수는 없습니다. 그러나 과거에 눈을 감는 사람은 결국 현재도 제대로 볼 수 없습니다. 비인간적 행위를 마음에 새기려 하지 않는 사람은 또 그러한 위험에 빠지기 쉬운 것입니다."[16]

나는 《만화 혐한류》 속에서 망가진 것은 역사적 사고가 본래 가지고 있는 대화적 구조라고 생각한다. 과거와의 대화를 통해 때로는 흔들리고, 무언가를 발견하고, 혹은 부정돼 같은 잘못을 되풀이하지 않게 되는 것 – 과거와 마주하는 것의 의의와 묘미도 여기에 있다. 그 경험을 '자학'으로밖에 부르지 못하는 자기애로 가득 찬 위축된 정신은 언젠가 반드시 같은 가해 행위를 되풀이할 것이다. 과거와 마주한다는 것은 자기 자신의 비약의 가능성을 포함한 풍부한 모험이라는 것을 그들은 모른다.

주

1) 니시오 간지 《일본은 나치스와 동죄인가 – 다른 비극 일본과 독일》(ワック, 2005). 초판은 《다른 비극 일본과 독일》(文藝春秋, 1994). 이 책 자체가 오류와 편견과 기묘한 자기만족으로 가득 찬 것인데, 《만화 혐한류》는 이를 더욱 단순화해 사용하기 때문에 질이 나쁘다.

2) 더할 나위 없이 추하게 그려진 중년여성이 "어쨌든 일본이 개인보상을 하지 않은 것은 사실이며, 일본은 독일의 보상을 보고 배워야 한다고 생각합니다"라고 말하자 주인공은 이렇게 말한다. "우선 오해하지 말았으면 하는 것은 일본과 독일은 전후 처리 형식이 다릅니다. 일본이 여러 나라에 국가배상을 하는 데 비해 독일은 동서로 분열돼 있었기 때문에 국가배상을 할 수 없어 개인보상이라는 방법을 택한 것입니다. 당신들은 독일이 국가배상을 하지 않은 것은 감추고 개인보상을 한 것만 특히 거론해 사실을 왜곡하고 있습니다. 또 독일이 지불한 개인보상은 나치스가 행한 유대인에 대한 학살 등 비인도적 행위에 대한 보상뿐입니다. 그리고 일본은 학살 같은 것은 하지 않았습니다!! 또 독일은 구 교전국의 어느 나라와도 아직 강화조약을 맺지 않았습니다!!" 이것을 듣고 '자마스' 식 말투의 여성은 얼굴이 빨개져 더는 말을 못하게 된다는 전말이다.

3) '대독물적보상청구유대인회의'는 1950년대 만들어진 조직으로, 독일에 대해 이스라엘 이외의 모든 유대인을 대표해 보상을 요구하는 유대인 피해자를 지원하고 또 보상금 수령 창구가 되고 있다.

4) 사법에 의한 나치 범죄의 추궁은 한편으로 각 주의 검사국이 담당함과 동시에 나치스범죄규명중앙센터가 활동을 계속하고 있다. 또 나치에 의한 살인에 대해서는 기산점을 낮추고 시효를 연장한 후 결국 시효 자체를 폐지했다.

5) 예를 들면 최근에는 국방군에 의한 전쟁범죄를 테마로 한 전람회를 둘러싼 독일 국내에서의 반응에 그런 현상이 잘 나타나 있다. 오랫동안 나치와는 한 획을 그은 국방군의 윤리성에 대한 신화가 살아 있었는데, 전람회에서는 무차별 처벌과 학살 당사자로서의 군의 모습이 전시돼 찬반이 빗발쳤다.

6) 확실히 뉘른베르크재판에서는 제소 원인에 '인도에 대한 죄'와 '협의의 전쟁범죄'의 구별이 있지만, 그 정의와 실제 행위에서 양자는 그렇게 간단히 구별할 수 있는 것은 아니다.

7) 니시오 간지, 주1)의 책 와크 판, 29쪽 이하. 또 이 홀로코스트의 유일성에 대한 본래 논의의 하나인 Dan Diner (Hg.), 《Zivilisations abbruch》 Fischer, 1998의 내용은 니시오의 주장과는 한참 다르다. 그것은 홀로코스트가 이제까지의 인류사에서의 폭력과 학대와는 양적으로 비교할 수 있는 사건이 아니며, 비교의 기준이 무너져 버리는 특이한 경험이라는 것을 20세기의 시대 경험으로 어떻게 고찰할 것인가 하는 근원적 질문을 던지고 있다.

8) 서독이 1953년 전쟁 전부터 안고 있던 부채와 채무에 관해 채권국과 맺은 것이 런던채무협정이다. 그 제2편 제5조에서 강제연행·강제노동 문제에 대한 보상은 전시배상이기 때문에 강화조약이 체결될 때까지 뒤로 미룬다고 규정했다. 독일과 일본의 전후보상, 전쟁책임의 비교에 대해서는 구리야 겐타로(栗屋憲太朗)·다나카 히로시·미시마 겐이치(三島憲一)·히로와타리 세이고(広渡清吾)·모치다 유키오(望田幸男)·야마구치 야스시(山口定) 《전쟁책임·전후책임 – 일본과 독일은 어떻게 다른가》(朝日新聞社, 1994)를 참조할 것.

9) 독일의 강제연행·강제노동과 그 보상 문제의 역사에 대해서는 다무라 미쓰아키(田村光彰) 《나치스 독일의 강제노동과 전후 처리 – 국제관계에서의 진상 해명과 '기억·책임·미래'》(社会評論社, 2006)가 뛰어나다.

10) 리하르트 폰 바이츠제커(Richard von Weizsäcker) 《황야의 40년 바이츠제커 대통령 연설 전문》 (永井淸彦 역, 岩波書店, 1986).

11) 니시오 간지, 105쪽 이하.

12) 바이츠제커, 15쪽.

13) "현실적으로는 범죄 그 자체 외에도 너무나 많은 사람이 실제로 일어났던 일을 모른 척 넘어가려고 노력하고 있었습니다. 당시 아직 어려서 그 계획·실시에 가담하지 않았던 우리 세대도 예외는 아닙니다. / 양심을 마비시켜 그것은 자기 권한 밖이라고 하면서 눈을 돌리고, 침묵하기에는 많은 모습이 있었습니다. / 전쟁이 끝나고 필설로는 다하지 못할 홀로코스트의 전모가 드러났을 때 '전혀 아무것도 몰랐다. 그런 낌새도 알아차리지 못했다'고 주장한 사람이 너무나 많았던 것입니다."(바이츠제커, 15쪽). 이 내성적 말에 이어 니시오가 말하는 "미묘한 한 줄"이 있다.

14) 니시오 간지, 106쪽 이하.

15) 한 민족 전체의 죄, 즉 '집합적 죄책'이라는 개념에 대해서는 오랜 논쟁사가 있다. 전쟁이 끝난 직후 전후 독일사회의 건망증에 저항하면서 〈죄책론〉(《전쟁의 죄를 묻는다》 橋本文夫 역, 平凡社)을 쓴 야스퍼스(Karl Theodor Jaspers)가 이미 명확히 논하고 있다. 또 미국으로 망명해 그 땅에서 활약을 계속한 한나 아렌트(Hannah Arendt)의 〈집합적 죄책〉이라는 논문도 있다. 大川正彦 역 〈집단의 책임〉(《現代思想》 1997년 7월호).

16) 바이츠제커, 16쪽.

* 니시오와 《만화 혐한류》 등 '역사수정주의'라고 불리는 사조의 논리와 심성을 고찰한 것으로 이와사키 미노루·슈테피 리히터(Steffi Richter)의 〈역사수정주의 – 1990년대 이후의 위상〉(《왜 지금 아시아·태평양전쟁인가》 이와나미강좌 아시아·태평양전쟁 제1권, 岩波書店, 2005)를 꼭 읽어보기 바란다.

집필자 소개 (게재순, 엮은이는 표지에 기재)

나카니시 신타로(中西新太郎) 1948년생. 요코하마시립대학 국제문화학부 교수. 현대 일본사회론. 《젊은 이들에게 무엇이 일어나고 있는가》 외.

오가와라 히로유키(小川原宏幸) 1971년생. 메이지대학 겸임강사. 근대일조관계사. 〈이토 히로부미의 한국병합 구상과 제3차 일한협약 체제의 형성〉(《청구학술논집》 25), 〈러일전쟁기 일본의 대한정책과 조선사회〉(《조선사연구회 논문집》 44) 외.

마쓰모토 다케노리(松本武祝) 1960년생. 도쿄대학 대학원 농학생명과학과 교원. 근대 조선농촌사. 《조선 농촌의 '식민지 근대' 경험》, 《식민지 권력과 조선 농민》 외.

미쓰이 다카시(三ツ井崇) 1974년생. 도시샤대학 전임강사. 조선 근현대사, 동아시아 언어사회론. 〈식민지기 조선에서의 언어운동의 전개와 성격〉(《역사학연구》 2005년 6월호) 외.

미즈노 나오키(水野直樹) 1950년생. 교토대학 인문과학연구소 교수. 조선 근현대사. 《생활 속의 식민지주의》, 《일본의 식민지 지배》(모두 편저) 외.

도노무라 마사루(外村大) 1966년생. 와세다대학 비상근 강사. 일본 근현대사. 《재일조선인사회의 역사학적 연구》, 〈전간기 일본 도시의 일본인과 조선인〉(中野隆生 편저 《도시공간과 민중》) 외.

가와 가오루(河かおる) 1971년생. 시가현립대학 인간문화학부 강사. 조선 근대사. 〈총력전 하의 조선여성〉(《역사평론》 2001년 4월호) 외.

박정명(朴正明) 1970년생. 근현대 일조관계사, 재일 조선인사.

고바야시 도모코(小林知子) 후쿠오카교육대학 교원. 근현대 동아시아 국제관계사(조선연구). 〈GHQ의 재일 조선인 인식에 관한 일고찰〉(《조선사연구회 논문집》 32), 〈미제의 제국 해체〉(이와나미강좌 《아시아·태평양전쟁》 4) 외.

모로오카 야스코(師岡康子) 변호사. 일본변호사연합회 인권옹호위원회 국제인권부회, 도쿄변호사회 외국인의 권리에 관한 위원회, 외국인학교·민족학교의 제도적 보장을 실현하는 네트워크 등 소속.

요시자와 후미토시(吉澤文寿) 1969년생. 니가타국제정보대학 정보문화학부 조교수. 조선 근현대사, 일조관계사. 《전후 일한관계》 외.

오타 오사무(太田修) 1963년생. 불교대학 문학부 조교수. 조선 현대사, 일조관계사. 《일한교섭》, 《만화 혐한류의 이곳이 엉터리》(공저) 외.

나카오 히로시(仲尾宏) 1936년생. 교토조형예술대학 객원교수. 일조관계사. 《조선통신사와 도쿠가와 막부》, 《조선통신사와 임진왜란》, 《조선통신사를 재평가한다》 외.

후지나가 다케시(藤永壯) 1959년생. 오사카산업대학 인간환경학부 교수. 조선 근현대사. 〈식민지 공창제도와 일본군 위안부 제도〉(하야카와 노리요 편 《전쟁·폭력과 여성》 3), 〈제주 4·3사건의 역사적 위상〉(이와나미강좌 《아시아·태평양전쟁》 4) 외.

현무암(玄武岩) 1969년생. 도쿄대학 대학원 정보학환 특임조교수. 사회정보학. 《한국의 디지털 데모크라시》, 〈과거 청산의 내셔널리즘〉(동시대사학회 편 《일·중·한 내셔널리즘의 동시대사》) 외.

이와사키 미노루(岩崎稔) 1956년생. 도쿄외국어대학 외국어학부 조교수. 철학·정치사상. 《계속되는 식민지주의》(공편저), 《전후사상의 명저 50》(공편) 외.

| 옮긴이의 말 |

한일 간의 문제를 둘러싼 갑론을박은 인터넷이라는 매체의 발달로 가상 공간에서 격론이 벌어지거나 종종 신문 사회면을 장식하기도 한다.

근년 화제를 불러 일으켰던 《만화 혐한류》 시리즈의 선정적 선전 문구 - 매스컴이 숨기는…, 알면 알수록 싫어지는 나라 한국, 다른 출판사에서 출판을 꺼려한 화제의… - 의 난립이 다수의 독자를 끌어들인 표면적 이유 가운데 하나였다면, 1990년대 불황의 늪에서 빠져나왔다고는 해도 그야말로 나침반을 잃고 방황하던 일본사회의 곪은 속내를 드러냈던 '격차 논쟁'(승자-패자 논쟁에서 한 걸음 더 나아간), 아베 신조(安倍晋三) 전 총리의 캐치프레이즈 '아름다운 일본'이 노골적으로 배제한 빈곤 계급 확산으로 인한 두려움과 공포가 《만화 혐한류》 탄생의 모태가 되었던 것이다.

《만화 혐한류》가 온갖 자극적 수식어를 통해 한국을 왜 싫어해야 하는지에 대한 개인적 증오심의 한풀이 장이었다면 《한국과 일본의 새로운 시작》은 그에 대한 철저한 반론이다. 일본에서도 '혐한류 현상'에 대한 우려는 여러 차례 소개됐지만, 이 책은 《만화 혐한류》에 대한 비판을 넘어 새로운 한일관계의 시작을 왜, 어떻게 해야 하는지에 대한 성찰이라고 할 수 있다. 열여덟 명의 다양한 전문가의 글을 엮은 이 책은 출판 6개월여 만에 45만 권의 판매 기록을 달성한 《만화 혐한류》가 양산한 언설의 위험성을 경고하는 것으로 시작한다.

    만화라는 매체가 갖는 독자의 접근 용이성을 충분히 이용한 점과, 만화 속에서 사용한 각 캐릭터가 은폐 혹은 발산하는 인종주의에 대한 비판을 제1부로 구성했다. 제2부에서는 일본의 인터넷 사이트 '2채널'을 중심으로 양산되는 한국에 대한 혐오와, 과거사를 둘러싼 왜곡과 곡해에서 오는 새로운 한국상에 대해 구체적 사료를 근거로 조목조목 비판한다. 이러한 시각은 여전히 존재가치를 상실하지 않은 채 부유하는 식민지근대화론자의 어설픈 '객관주의'에 대한 훌륭한 반박이 될 것이다. 제3부는 식민 지배가 낳은 '제3의 민족' 재일 한국인을 둘러싼 문제를 거론한다. 기원에 대한 소급 적용을 도외시한 채 끊임없이 반복되는 배제된 타자로서의 재일 한국인의 정체성 손상은 일본사회의 북한에 대한 공포심과 밀접하게 관련돼 있으며, 그 공포는 과거 일본공산당이 앞장서서 선전해 마지않았던 '지상낙원'에 대한 증오심으로 전이돼 새로운 '일본'

만들기로 이어진다. 제4부는 한일 간의 과거사를 둘러싼 문제가 일본 내부의 문제와 뗄 수 없는 관계임을 웅변한다. '무라야마 담화' 이래 과거사 반성에 대한 움직임을 자학사관으로 규정하는 것은 《만화 혐한류》뿐 아니라 '새로운 역사교과서를 만드는 모임' 등 우익세력의 제일의 사명이었다. 그리고 그러한 시선이 '아름다운 나라 일본'에 대한 환상, 그 환상에 지나지 않는 이미지에 숨결을 불어넣는 실체 만들기의 주체세력임을 간과해서는 안 될 것이다.

《한국과 일본의 새로운 시작》이 제안하는 새로운 한일관계는 국가 대 국가의 문제가 아니다. 이를 넘어선 자민족중심주의에 대한 비판과, 인류가 추구해야 할 역사적 보편성에 대한 논의로 전환하고자 하는 것이다. 이러한 미래 지향적 한일관계에 대한 인식이 일반 상식으로 자리매김할 날이 빨리 왔으면 하는 바람이다.

한국학중앙연구원 한국문화교류센터

한국과 일본의 새로운 시작

초판 1쇄 발행 2007년 12월 27일

엮은이 | 다나카 히로시, 이타가키 류타
옮긴이 | 한국학중앙연구원 한국문화교류센터

발행인 | 승영란
편집인 | 김태진
교정·교열 | 이항복
디자인 | DESIGN STUDIO 203 (02-323-2569)
펴낸곳 | 뷰스
주소 | 서울특별시 마포구 공덕동 105-219 정화빌딩 3층
문의 | 02-753-2700, 2778 FAX 02-753-2779
등록 | 2005년 8월 5일 제2-4208호

값 10,000원
ISBN 978-89-92037-26-6 03000

● 뷰스는 '관점'이란 뜻으로, 도서출판 **에디터**의 정치·사회 분야 브랜드입니다.
● 잘못된 책은 구입한 곳에서 바꿔드립니다.